LES

ESCLAVES AFFRANCHIS

3e SÉRIE IN-8o.

LES
ESCLAVES AFFRANCHIS

OU

RETOUR EN AFRIQUE

PAR V. DENANCÉ.

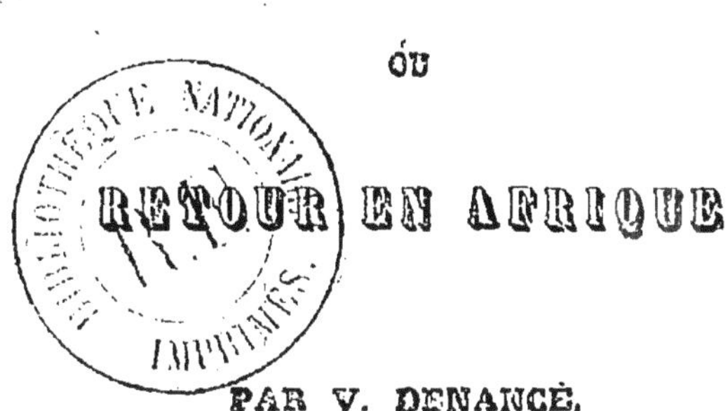

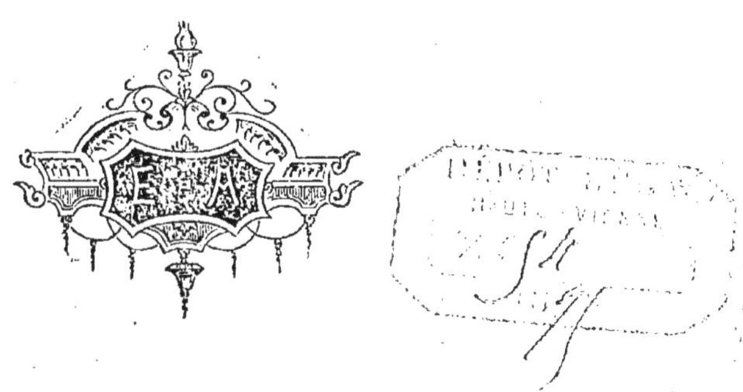

LIMOGES

EUGÈNE ARDANT ET Cie, ÉDITEURS.

INTRODUCTION.

L'ORIGINE de l'esclavage remonte à la plus haute antiquité; il fut un adoucissement au sort des vaincus : on les fit esclaves au lieu de les massacrer. Il est à remarquer que la nation dont l'antiquité paraît être la plus reculée et qui fut la première appelée à la civilisation, n'adopta point la coutume de faire des esclaves. Nous voulons parler des Hindous. Leurs croyances religieuses ne leur permettent pas de se servir d'étrangers, et la séparation entre les castes est si profonde, que l'hindou d'une caste supérieure ne peut pas se servir, comme domestique, d'un hindou d'une classe inférieure. Les parias ne sont point esclaves; cette caste, en dehors de la communion civile et religieuse, est composée de tout ce que la nation a rejeté de son sein ; mais elle est libre. On peut dire que la caste des parias est le bagne des Hindous.

L'Egypte, gouvernée par ses rois légitimes, ne reconnut point l'esclavage. Si la Bible fait mention de marchands d'esclaves ismaëlites, auxquels les fils de Jacob vendirent leur frère Joseph, et qu'ils allèrent revendre en Egypte à l'eunuque Putiphar, c'est qu'alors l'Egypte était gouvernée par des rois de race étrangère ; mais après leur expulsion, les véritables Egyptiens, qui les avaient en horreur et qui n'avaient pas plus adopté leur coutume de se servir d'esclaves que celle de manger de la chair, revinrent à leurs anciennes coutumes, et proscrivirent l'esclavage. On le trouve établi de tous temps dans les autres contrées de l'Orient ; mais ce ne fut pas cet abominable esclavage, dont la coutume s'est perpétuée jusqu'à nos jours, et qui vient de diviser les peuples de l'Union américaine. En Orient, l'esclave, considéré comme membre de la famille, était traité avec beaucoup de douceur, affranchi après quelques années de service, et souvent admis dans la famille par une alliance.

Les Juifs ne connurent jamais l'esclavage dans le sens ordinaire de ce mot. Chez les patriarches, les esclaves étaient des serviteurs attachés à la famille et recevant d'elle avec reconnaissance tout ce qui était nécessaire à leur existence.

Dans l'Afrique, dont l'histoire est peu connue, les premiers navigateurs qui entrèrent en relation avec les indigènes y trouvèrent l'esclavage établi ; mais il était ce qu'il est encore dans plusieurs contrées de l'Orient, généralement doux, et l'esclave y comptait comme un homme privé de sa liberté seulement. La traite changea ce caractère et fit de l'homme un trafic inhumain. L'esclave devint un animal comme la bête de somme, et fut vendu comme tel.

Il faut ici s'élever contre une calomnie inventée par l'historien espagnol Herrera : cet historien attribue au vertueux Las Casas, évêque de Chioppa, l'invention de la traite des noirs. «Il voulut, dit-il, pour soulager ses bons amis les Indiens, les remplacer dans les durs travaux qui décimaient leur population, les faire remplacer par la race noire, infiniment plus robuste. »

Cette accusation est calomnieuse. Il y avait avant la naissance de Las Casas des esclaves noirs en Amérique, et le vertueux prélat, qui s'éleva avec tant de courage et de persistance contre le despotisme de l'homme sur l'homme, n'eût certainement pas conseillé de cesser d'exercer l'esclavage sur une race pour l'exercer sur une autre.

D'après nos recherches, nous trouvons que la traite fut introduite en Europe par les Maures d'Espagne, ensuite par les Portugais, et qu'elle passa ensuite en Amérique et dans les colonies, où l'esclavage a été poussé à un degré tel d'inhumanité qu'on refuserait de le croire, si des faits incontestables ne le prouvaient pas.

C'est à partir de l'époque où les premiers navires européens abordèrent sur les côtes d'Afrique, que commença pour ce malheureux pays un genre de commerce qui fait frémir, et que la conscience humaine ne saurait trop flétrir.

Longtemps avant l'apparition des navires négriers sur la côte d'Afrique, les noirs faisaient esclaves les prisonniers de guerre et les malfaiteurs; mais l'existence de ces malheureux était supportable, et les autres habitants, hors les temps de guerre, n'avaient point à craindre d'être enlevés, réduits en esclavage et vendus pour être transportés au-delà des mers. Dès que les navires négriers vinrent exciter la convoitise des peuplades grossières et ignorantes, en étalant à leurs yeux les produits de l'Europe, et demandèrent des esclaves en échange, il se fit une révolution dans les mœurs et les coutumes des noirs. Pour se procurer des esclaves, ils se firent des guerres continuelles; et ces guerres ne leur fournissant pas assez de bétail humain pour satisfaire aux demandes, les forts allèrent à la chasse des hommes ; les rois firent des razzias sur leurs sujets, enlevant tout ce qui leur tombait sous la main et conduisant leur butin vivant, souvent d'une grande distance, sur la côte, où ils le livraient aux négriers pour des verroteries, de petits instruments de fer et surtout pour de l'eau-de-vie. Comme ces malheureux, surtout les femmes et les enfants, ne pouvaient pas toujours faire de longues marches chargés de liens, ils étaient accablés de coups, et périssaient le long de la route. Leurs cadavres abandonnés devenaient la proie des bêtes carnassières qui suivaient ordinairement ces horribles caravanes. Pour remplacer les morts, les plus forts s'emparaient des plus faibles ; le père vendait son fils, le fils vendait son père, son frère ou ses parents, et il arrivait quelquefois que les infâmes marchands de chair humaine, après avoir acheté les esclaves des vendeurs pour quelques barils d'eau-de-vie, profitaient de l'ivresse dans laquelle se plongeaient les vendeurs, les chargeaient de chaînes et les emmenaient dans la même cale où étaient entassés ceux qu'ils avaient vendus, et les transportaient dans les colonies et en Amérique.

Voilà le genre de civilisation que des nations européennes portaient aux pauvres barbares de l'Afrique : un encouragement à la guerre et l'abrutissement par l'eau-de-vie.

A notre époque, nous nous étonnons de lire l'histoire de la traite; nous nous indignons de voir des chefs de nations civilisées l'autoriser par des décrets ; et, ce qu'il y a de plus hideux, de trouver des noms honorables parmi les hommes qui ont lutté avec le plus d'opiniâtreté pour empêcher l'abolition de la traite des noirs. Beaucoup d'entre eux recevaient des subventions de la part des planteurs des colonies, et, avocats de l'esclavage, osaient, dans les assemblées publiques, défendre ce trafic infâme, représenter le noir comme un animal ayant forme humaine, et qui devait s'estimer heureux d'aller mourir sous le fouet des planteurs quand la fatigue avait épuisé ses forces. Maintes fois l'Église, par l'organe de ses pontifes, a protesté contre ce déplorable état de choses ; sa voix a presque toujours été dédaignée par les passions diverses qui se réunissaient pour le conserver.

C'est à dépeindre ces maux et ces protestations que nous avons destiné les pages suivantes.

LES

ESCLAVES AFFRANCHIS.

CHAPITRE I.

L'établissement Tomburg. - - Couba et les trois planteurs. — L'esclave
fugitif au fort. — Espion des planteurs. — Récit du noir marron.
— Conversation de Tom et de Job. — Ils vont au fort Saint-Pierre
avec Couba. — Conversation avec Fritz. — Projets de ce dernier.

DEPUIS quelques années, l'établissement du fort Saint-Pierre
n'était plus en avant de la civilisation dans les forêts de l'Amérique. De hardis pionniers l'avaient dépassé, il se trouvait sur la
seconde ligne de défense contre les incursions des Peaux-Rouges;
l'ardeur envahissante des Américains s'était portée jusque sur
les territoires des nations antérieurement alliées au commandant du fort. Les relations n'étaient pas bienveillantes, tant s'en
faut; il arrivait souvent qu'une irruption d'Indiens, tombant à
l'improviste sur un des établissements les plus avancés, le mettait
en cendres et s'en allant la ceinture ornée des chevelures san-
glantes. L'opiniâtreté américaine ne cédait pas, de nouveaux
pionniers arrivaient, s'emparaient du terrain ravagé, se forti-
fiaient mieux, et attendaient les attaques des Peaux-Rouges.

Les terrains pour ainsi dire protégés par les établissements
plus avancés prospéraient, l'industrie, moins exposée, se déve-

loppait, les relations s'établissaient avec les postes les plus
voisins, et le résultat de l'industrie, le lucre croissait en propor-
tion de la sécurité et de l'activité des relations.

Gustave Douville, plus connu sous le nom de Fritz, voyait les
concessions et les achats qu'il avait faits des Peaux-Rouges
monter à une valeur qui dépassait toutes ses espérances, et sa
fortune, déjà considérable, atteignait un chiffre fabuleux.

Son père, le commandant Douville, en affranchissant deux
noirs, Tom et Job, avait ajouté à cet acte d'humanité et de générosité une grande concession de terre ; d'autres noirs, achetés à
la Nouvelle-Orléans et affranchis, se trouvant réunis aux deux
familles de Tom et de Job, constituaient une population assez
nombreuse, désignée dans les établissements sous le nom de
colonie noire.

Un homme se trouvait à la tête de cette colonie, il en était,
pour ainsi dire, l'âme : cet homme était Couba, fils de Tom,
élève de la famille allemande Hamburg et du prêtre catholique
français Lauriol, qui avait remplacé le père Anselme.

Couba avait la peau noire, mais l'éducation, en développant
en lui l'intelligence, en avait fait un homme bien supérieur à la
plupart des blancs. Pénétré de ses droits, autant qu'homme
indigné de l'état d'abrutissement dans lequel on laissait ses
frères noirs, de leur esclavage qui les réduisait à la condition
des bêtes, Couba se trouvait mal à l'aise dans un pays où le
préjugé de la couleur de la peau est dominant.

Par son intelligence, par le travail des habitants de Tomburg,
ils étaient tous arrivés à un degré de prospérité et d'aisance qui
peut mieux se traduire par le mot opulence. Les terrains des
noirs étaient aussi bien cultivés, aussi productifs que ceux de la
famille allemande Hamburg, qui passait dans ces habitations
avancées pour la plus riche de tous les propriétaires d'établissements, après le fils du commandant Douville, qui, le premier,
avait mis en valeur ces riches contrées.

Un ordre admirable régnait dans la colonie noire ; chacun y
avait son travail fixe, aucun bras n'y était désoccupé. Les
femmes, les enfants, travaillaient selon leurs forces, dans les
manufactures de tissus qui trouvaient un grand débit parmi les
pionniers et les Peaux-Rouges. Le fer, travaillé dans les ateliers,
prenait toutes les formes que l'usage commandait ; les terres,
remuées par des bras robustes, dirigés par un homme observa-

teur et intelligent, payaient au centuple les peines et les travaux des agriculteurs : l'aisance d'abord, la richesse ensuite, et enfin l'opulence s'étaient introduites dans cette réunion d'anciens esclaves, et les auraient rendus heureux si l'espèce humaine n'était pas travaillée par les plus mauvaises passions. Partout en Amérique le noir est esclave : dire est esclave, c'est dire est considérée comme n'appartenant point à l'espèce humaine, mais servant d'intermédiaire entre l'homme et la bête, en exigeant du noir ce que l'on exige de l'homme, des actes intelligents, et ce que l'on exige de la bête, le travail. Une colonie noire, indépendante, heureuse et prospère, au milieu de population ayant de pareils préjugés, était une anomalie, une chose criante, un mauvais exemple qui pouvait agir sur les trois ou quatre millions d'esclaves qui font, sous le fouet, tous les rudes travaux du Nouveau-Monde.

Aussi les habitants de Tomburg se trouvaient-ils exposés à la jalousie, à l'envie, deux mauvaises passions qui conduisent à la haine; et, malgré leur probité, leur bienveillance, qui faisait oublier celle des blancs, éprouvaient-ils souvent les molestations les moins prévues et les moins méritées.

L'aisance, la fortune n'étaient pas les seuls objets d'envie : dans leurs rapports, les noirs montraient un savoir-vivre, une politesse qui manquait aux colons blancs. Cette supériorité, chez des créatures considérées comme dévouées à l'esclavage, irritait la race blanche, peut-être plus que l'opulence des noirs. Il faut le dire, les habitants de Tomburg n'étaient plus les noirs affranchis à l'âge viril, les hommes simples et ignorants que nous avons vus dans les pionniers allemands et dans les deux chasseurs noirs. Ces hommes avaient été formés par l'intelligent Couba; ils connaissaient leurs droits dans la grande famille humaine, ceux que leur reconnaît la religion au nom de Dieu, père commun des hommes; et, tout en comprenant que les milieux dans lesquels ils vivaient modifiaient forcément ces droits, ils n'en voulaient pas moins user dans l'étendue du possible, tout en faisant large part aux préjugés.

— Vous êtes hommes, leur disait Couba, mais n'oubliez pas que nous sommes un nombre insignifiant, au milieu d'une écrasante majorité. Ayez la modestie qui sied à la faiblesse, la dignité que l'homme sait garder dans la modestie, et estimons-nous heureux de pouvoir vivre libres dans un pays où notre race est considérée comme destinée à l'esclavage.

Ainsi parlait Couba à ses frères noirs ; mais Couba, en se comparant aux blancs, avec lesquels il se trouvait en relation, avait la conscience de sa supériorité, et s'indignait de se trouver dans une condition humiliante et dans laquelle l'avarice des blancs se complaisait à laisser ses frères. Couba accusait l'égoïsme et l'injustice humaine, Couba rêvait peut-être le jour de la revendication ; mais les matériaux manquaient à l'édifice que rêvait son imagination indignée.

Quoiqu'il n'eût vu l'esclavage qu'à la Nouvelle-Orléans et dans les établissements voisins, qui déjà prenaient l'habitude de se décharger sur les noirs des plus rudes travaux, il savait cependant que le nombre des esclaves était bien supérieur à celui des blancs, et Couba, qui trouvait en lui-même la force et la persévérance de la volonté, se disait souvent :

— Pourquoi mes frères se soumettent-ils à l'esclavage ? la force, la ruse les ont privés de la liberté ; pourquoi la force et la ruse ne la leur rendraient-ils pas ?

Mais en se rappelant quels étaient les noirs quand on les avait amenés à l'établissement, la mobilité de leur caractère et surtout leur ignorance, il comprenait qu'avec de pareils éléments, sans argent, sans armes, sans organisation, toute tentative de rébellion serait une folie ; en admettant même un succès, il en craignait les suites. Que ne seraient pas des hommes aigris par les mauvais traitements , le jour de la victoire ! Couba, naturellement humain, frémissait à l'idée des vengeances féroces qui seraient exercées alors, et il chassait de son esprit, comme une idée insensée, tout projet de rébellion. Cependant les humiliations que les blancs se plaisaient à déverser sur les noirs, dans toutes les circonstances et sans provocation de la part de ces derniers, venaient rallumer la colère et l'indignation de Couba, et malgré lui, poussé par une puissance intérieure, il reprenait ses rêves, les méditait et souvent finissait par les croire réalisables.

Une circonstance imprévue mit le comble à sa colère et à son indignation. Il revenait de visiter des travaux entrepris à la limite des terres dépendantes de Tomburg, sur la lisière des forêts, lorsqu'il en vit déboucher trois colons armés, et suivis de chiens. Ils étaient à la poursuite d'un noir échappé de leur établissement.

— Hé, moricaud, lui cria l'un d'eux, as-tu vu un drôle de ta couleur, qui a pris la clef des champs et que nous poursuivons depuis ce matin ?

Couba se plaça en face de cet insolent, et le regarda froidement sans lui répondre.

— Sais-tu, dit un autre colon à son camarade, que tu parles au chef des richards de Tomburg, et que tu lui dois honneur et respect?

— Honneur, dit Couba, je ne le lui demande point; respect, c'est différent, je suis un homme libre, respectant moi-même les autres, même quand ils sont sur mes terres et insolents.

Les trois grossiers personnages éclatèrent de rire à cette réponse; le sang de Couba commençait à s'échauffer.

— Avec de pareilles prétentions, moricaud, nos esclaves seront bientôt en révolte. On a bien raison de dire que cette fourmillière noire est une calamité pour nos établissements.

Couba fit un effort suprême pour se modérer; ne se sentant pas assez de puissance de volonté pour résister plus longtemps à son indignation, il prit le sage parti de leur tourner le dos et de continuer son chemin.

Cela n'entrait pas dans les vues des colons ; ils venaient de perdre un noir esclave, ils en rencontraient un libre; et, jaloux pour son opulence, ils voulaient lui faire subir les résultats de leur méchante humeur.

— Ici, From, ici, dit l'un d'eux en s'adressant à un grand chien qui rôdait dans les environs. Va, mon brave From, apprendre à cet orgueilleux moricaud la politesse qu'il doit observer avec un grain de révérence pour des hommes dont la peau est aussi blanche que la sienne est noire; et du doigt il désignait Couba, déjà assez éloigné.

Le féroce animal, habitué à pourchasser les noirs, fit un bond et s'abattit auprès de Couba, qu'il menaça des dents.

Couba tira son coutelas, fit face au chien, et, sans le perdre de vue, cria aux colons :

— Si vous ne retenez pas votre chien, je l'éventre.

— C'est ce que nous allons voir, hurla le colon furieux. Pille, From, pille la peau noire.

Le chien s'élança à la gorge de Couba, dont le coutelas s'enfonça dans son ventre. Il poussa un hurlement plaintif et tomba les entrailles pendantes.

Il y eut un moment de stupeur parmi les agresseurs; mais bientôt la colère l'emporta. Les trois carabines se dressèrent, les canons se dirigèrent sur Couba, quand des cris furieux retentirent derrière eux; les colons se détournèrent instinctivement, et virent six noirs armés qui les tenaient en joue. C'étaient les ouvriers employés aux travaux que le jeune noir faisait accomplir; sur les frontières les travailleurs sont toujours armés.

La raison du plus fort, comme cela arrive toujours, se fit comprendre aux colons. Ils baissèrent leurs carabines d'un air honteux et dépité.

D'un signe de la main, Couba commanda aux noirs de baisser aussi leurs armes, et sans même jeter un regard sur les colons, il alla rejoindre ses travailleurs.

Une humiliation subie par des blancs, de la part d'un noir, dans un pays où l'esclavage est en pleine vigueur, est une injure qui ne s'oublie point. Les colons se retirèrent, après s'être assurés que leur chien était bien mort, la rage dans le cœur et méditant la vengeance.

Couba, de son côté, rentra à l'habitation le cœur ulcéré de l'outrage des colons, mais il sut dissimuler son ressentiment, et la journée se termina sans qu'on eût connaissance de ce qui venait de se passer dans la plaine. Le soir les travailleurs racontèrent l'événement, et l'exagérèrent.

Tom, père de Couba, alla trouver son ami Job et lui raconta la chose, non telle qu'elle s'était passée, mais exagérée par les travailleurs.

— Job, dit Tom, Couba a été insulté. Des blancs s'étaient embusqués dans la forêt et ont lancé contre lui un énorme chien, un de ceux que l'on habitue à étrangler nos frères esclaves.

— Mon pauvre Rumph ne se serait pas lancé sur un noir, Tom : tels maîtres tels chiens. Qu'a fait ton fils Couba, Tom ?

— Il a éventré le chien d'un coup de coutelas.

Job poussa une exclamation de joie, en levant en l'air ses deux bras, dont l'un était mutilé.

— Ils ont alors, continua Tom, je parle des blancs, Job, et ils étaient trois, ils ont ajusté mon fils Couba, comme nous ajustions naguère un cerf ou un daim. Job soupira à ce souvenir.

— Ont-ils fait feu sur lui, Tom?

— Non, les nôtres étaient là, tout près, avec leurs carabines.

— C'est égal, dit Job, ils ont eu l'intention de tuer Couba.

Il réfléchit.

— Tom, je n'ai plus qu'une main, mais l'autre est solide, Tom. Tu sais, quand elle est armée de ma petite canne (Job nommait sa petite canne une barre de fer que tout autre bras que le sien eût trouvée lourde), qu'elle est encore à éviter; te rappelles-tu comme je traitai une fois les Peaux-Rouges avec ma petite canne?

— Job, les travailleurs disent que les trois colons se sont éloignés en faisant des menaces.

— Laisse-les venir les exécuter, Tom; oui, laisse-les venir, et tu verras ce que le vieux Job peut encore faire.

— Job, Couba ne m'a point raconté l'affaire; il a quelque chose en tête. Tu sais que Couba est plus savant que les blancs?

— Il faut le laisser faire, Tom... mon garçon, tire bien un coup de carabine; nos frères sont aussi d'habiles tireurs depuis que tu les a exercés, et que je leur ai donné quelques bons conseils. Si les blancs viennent, ils n'ont pas l'astuce des Peaux-Rouges, et nous avons plus d'une fois repoussé les Peaux-Rouges! ils seront bien reçus.

— Job, cela m'inquiète; tu sais que master Fritz nous a toujours recommandé de ne point avoir de querelles avec les planteurs.

— C'est vrai, Tom, oui c'est la pure vérité. Mais je ne me rappelle pas s'il nous a recommandé de souffrir les affronts sans nous plaindre?

— Tu ne me comprends pas, Congo. Je veux dire que, puisque master Fritz n'a point parlé de cela, c'est que nous pouvons bien le faire; les planteurs viendront, Job. Ils nous feront des affronts, surtout à Couba, et nous ne devons pas le souffrir, Job; non, nous ne devons pas le souffrir. Viens au fort avec moi, nous raconterons l'affaire à master Fritz, et nous verrons ce qu'il nous en dira.

Quoiqu'il se fît déjà tard, les deux noirs allaient se rendre au fort, Tom armé de sa carabine et de son poignard, et Job portant sur l'épaule sa petite canne, lorsqu'ils furent attirés vers les bâtiments les plus reculés par une espèce de rassemblement. Les femmes et les enfants négrillons entouraient un pauvre noir qui paraissait exténué. Ils s'informèrent de ce qui se passait.

— Un pauvre esclave, crièrent les femmes; il s'est échappé

après avoir reçu la bastonnade. Voyez son dos, ses reins, et ses bras déchirés par les épines... Oh! quelle pitié!

Cet esclave était celui qu'avaient pourchassé les trois colons; il leur avait échappé, et à leurs chiens, en s'enfonçant dans la vase des bords de la rivière et ne laissant dépasser que sa tête abritée par les roseaux. Son corps était couvert de cicatrices, sa maigreur attestait l'avarice et l'excès des travaux auxquels il avait été soumis.

— Viens, lui dit Job, viens, pauvre frère, nous avons ici un asile.

Tom, plus prévoyant, commanda aux assistants de se taire; il y avait à l'habitation un marchand ambulant, et ces gens sont colporteurs de nouvelles.

L'esclave fugitif fut caché dans la partie la plus secrète des bâtiments, et l'on alla prévenir Couba de cet événement. Nous l'avons dit, Couba, quoique jeune, se trouvait en réalité le chef, l'âme de la colonie noire.

Il comprit sur-le-champ qu'en fournissant un asile à un esclave fugitif, il allait donner prise à l'envie et à la malveillance, mais Couba n'était pas égoïste; il comprit aussi son devoir, et approuva tout ce que l'humanité de ses frères avait fait. Il renouvela les recommandations faites par son père, et resta avec l'esclave fugitif, bien déterminé à le soustraire à l'inhumanité et à la vengeance de son maître.

Il faut avoir vécu en Amérique, pour se faire une idée de l'ardeur avec laquelle on poursuit un esclave fugitif, et avec quelle cruauté on punit cette fuite. Couba le savait : il voulut soustraire ce malheureux noir à la torture et peut-être à la mort. Voici ce que lui raconta le fugitif :

Le maître exige de nous des travaux au-dessus de nos forces, nous donne une nourriture insuffisante, et nous frappe pour la moindre négligence. J'avais conduit son troupeau dans la forêt, par son ordre, et, quoique je lui eusse représenté que des bandes de loups la parcouraient depuis plusieurs jours, et qu'il était impossible de surveiller un troupeau épars entre les arbres, il m'a frappé avec son rotin pour me punir d'oser faire des observations, et m'a commandé d'obéir, me menaçant de me mettre à la torture si je perdais un seul agneau. Le maître s'enivre journellement avec de l'eau-de-vie; son délassement est de maltraiter les cinq noirs de son habitation.

— Voilà les preuves, dit-il en montrant son dos, ses bras et ses cuisses sillonnés de nombreuses cicatrices.

Ce que j'avais prévu est arrivé. A l'odeur des loups le troupeau s'est débandé; je me suis trouvé en face de deux de ces bêtes affamées auxquelles j'ai échappé par miracle. Le soir, après des courses réitérées, j'ai ramené le troupeau à l'établissement; trois têtes de bétail manquaient. Le maître m'a jeté à terre, foulé aux pieds, mais il s'est trouvé tellement ivre que j'ai pu lui échapper, gagner la forêt, où je me suis réfugié sur un arbre. Heureusement que le matin les recherches ont été dirigées d'un autre côté, et c'est en les suivant de loin que j'ai pu échapper à leurs chiens. Cependant ils m'ont éventé sur le bord de la rivière. Je me suis lancé dans le courant, et le descendant à la nage, je me suis enfoncé dans le limon bien loin au-dessous du lieu où je m'étais jeté à l'eau : ce n'est qu'ainsi que j'ai pu échapper à leurs chiens.

— Mange, repose-toi, pauvre frère, dit Couba attendri; ton sommeil ne sera pas troublé sous notre toit.

Il le quitta et alla rejoindre les autres noirs réunis dans la salle commune, autour du marchand ambulant.

Cet homme, envoyé par les colons blancs, jaloux de la prospérité des noirs, devait examiner l'intérieur de l'établissement, en faire causer les habitants et s'informer si un nègre, esclave fugitif, ne s'était point réfugié au milieu d'eux. Couba avait pressenti la mission de ce marchand, qui n'était point encore venu à l'établissement quoiqu'il circulât depuis longtemps dans le pays : il voulait donc veiller à cette entrevue; sa présence imposa silence aux petits bavardages, et l'espion se retira sans avoir rien appris.

Le lendemain Couba se rendit au fort Saint-Pierre, il ignorait que Tom et Job devaient aussi s'y rendre; aussi fut-il étonné de les rencontrer en route. Tout fut expliqué : le but du voyage était le même, les deux vieux noirs laissèrent à Couba le soin d'expliquer l'affaire; Tom se croyait bien supérieur en intelligence à Job, mais il reconnaissait que son fils Couba en avait plus que lui.

Le jeune Douville, instruit de ce qui s'était passé, de l'hospitalité donnée au noir fugitif, comprit, comme Couba le comprenait, que cette affaire pouvait avoir des conséquences très graves.

— Ce pauvre malheureux ne peut pas rester dans votre établissement, leur dit-il, ce serait une violation de la loi sur la propriété, puisque la loi assimile l'homme à une propriété dont peut jouir un autre homme, moyennant une certaine somme de dollars. Je ne puis l'envoyer à la Nouvelle-Orléans, où il serait tôt ou tard réclamé comme bien appartenant à autrui. Son existence au milieu des Peaux-Rouges serait un autre esclavage soumis aux caprices de ces sauvages ; enfin il ne peut vivre isolé en se cachant dans les forêts, où il finirait par être découvert, repris et mis à la torture ; je ne vois qu'un seul moyen de le sauver, c'est de le racheter.

— Master Fritz, dirent aussitôt Tom et Job, nous avons des dollars, rachetez-le...

— Mes amis, leur dit Fritz, vos dollars sont le fruit de vos chasses, de vos travaux. Ils appartiennent à vos enfants. L'achat d'un esclave noir est pour vous une perte, puisqu'il devient libre dès qu'il entre sous votre toit. Cette affaire me regarde ; je puis seul la négocier. Voici la part de contribution que vous devrez : dès que cet esclave sera affranchi, vous l'admettrez dans votre établissement, Couba verra ce qu'il peut faire de son intelligence, et vous tâcherez d'en faire plus qu'un esclave ; voilà ce que je vous demande... Cela vous convient-il, mes vieux amis ?

— Ah ! master Fritz, master Fritz, dirent les deux vieux noirs, vous êtes, comme votre père, le sauveur des noirs !

Les deux vieux noirs se retirèrent heureux d'avoir à rapporter cette bonne nouvelle à l'établissement. Fritz retint Couba et la conversation s'engagea entre eux deux.

— Je vois, Couba, dit Fritz, que tu as à me communiquer tes pensées : elles sont tristes, mon ami, et elles doivent l'être. Par ton intelligence, tes connaissances et la droiture de ton cœur, tu es supérieur à tous les blancs que je connais au fort et dans dans les établissements voisins ; je n'en excepte que mes parents d'adoption, qui composent la bonne et honorable famille Hamburg. Chez eux, il y a la bonté du cœur, la droiture et l'amour du travail. Tu leur dois tout, Couba, nous leur devons tous les deux tout ; car, comme toi, j'ai été leur fils adoptif. Ta position matérielle est heureuse, si heureuse qu'elle excite l'envie ; mais ton esprit souffre, Couba, il ne peut pas en être autrement. Je me rappelle ce que tu m'as dit plusieurs fois, et j'en sens, j'en comprends la vérité... Non, jamais, ni toi ni les tiens, à quelque valeur personnelle que vous puissiez vous élever, ne serez admis avec égalité de droits, de considération, dans la grande famille des blancs ; et cependant le père commun des hommes, Dieu, ne vous a pas appelés à la vie pour être toujours esclaves. Il y a donc une violation du droit d'humanité dans la coutume adoptée par la race blanche de vous soumettre à l'esclavage. Cette violation est enracinée dans l'esprit des blancs ; elle y est regardée comme le droit de la supériorité intellectuelle sur la faiblesse intellectuelle. Par un abus aussi inhumain que coupable, la race qui devrait protéger une race plus faible, moins avancée, qui devrait lui donner la main pour l'élever à la civilisation, en l'éclairant, en lui faisant part de ses connaissances, de ses arts, l'opprime, la maintient dans une enfance qui permet d'en faire des esclaves, de véritables animaux de travail. Un cri d'indignation devrait s'élever du cœur de tous ceux qui sont dignes du nom d'hommes ; il monterait vers Dieu, et il amènerait une révolution salutaire. Mais les hommes de cœur, les hommes généreux et humains, où sont-ils ? je n'ai vu partout que l'égoïsme, l'étroit et honteux égoïsme qui isole l'homme de l'homme, ses intérêts de ceux de tous les enfants de Dieu. Tu voudrais, à cette affreuse condition des hommes de ta race, un remède, Couba ; eh bien ! je crois l'avoir entrevu, il ne fera pas couler des torrents de sang comme à Saint-Domingue ; il sera pacifique, lent, mais sûr.

— Master Fritz, dit Couba avec émotion, je vous écoute, vous avez comme moi entendu les enseignements du père Lauriol, mais la supériorité d'esprit vous a permis de mieux en profiter que moi : je vous écoute avec toute l'attention que méritent vos paroles.

— Couba, reprit Fritz d'un ton grave, je crois possible ce que je vais te dire, le père Lauriol le croit aussi ; et, Dieu aidant, une grande et heureuse révolution pourrait, avec le temps, s'opérer en faveur de ta race. Tu méditeras mes paroles, et l'expérience que tu as acquise du caractère des noirs, en vivant avec ceux qui sont sur ton établissement, te fera sentir la possibilité ou l'impossibilité de mes projets.

Dans cette contrée, dans toute l'Amérique, toi et les hommes de ta race ne pouvez espérer une existence libre et honorée : il faut donc aller la chercher sur un autre continent, et cet autre continent est l'Afrique, où est le berceau de ta race, où elle do-

mine encore, malgré les envahissements de la race blanche.
Si tu ne voulais cette existence indépendante et heureuse que
pour toi et pour les tiens, ce désir serait entaché d'égoïsme, et
tu vois ce que l'égoïsme a produit et produit en Amérique.
Il faut travailler pour toi et pour tous les hommes de ta couleur.

Malgré leur contact avec les blancs, les noirs ne progressent
point; c'est que ceux qui pourraient les faire progresser ne s'at-
tachent qu'à entretenir leur ignorance, à alimenter leurs vices,
en profitant de leurs désunions, de leurs préjugés et de leur
désir naturel de se procurer les produits des arts et de la civilisation.

Deviens l'apôtre de tes frères, et tu seras grand devant Dieu,
grand aux yeux des hommes généreux, et ton passage sur la
terre sera peut-être le commencement d'une ère nouvelle pour
les populations noires de l'Afrique. Elles recourent à l'infâme
trafic de la liberté de leurs frères; et, comprenant par l'exemple que tu mettras sous leurs yeux, qu'elles pourront se procurer
tout ce qui les rend tributaires de la race blanche, elles livreront
leur esprit à la culture des arts utiles; le travail, en les morali-
sant, éveillera en elles de nobles sentiments d'indépendance et
de fraternité.

Tu le comprends aussi bien que moi, Couba? ici votre
aisance, je dois dire votre opulence, loin de prouver aux planteurs que le travail libre des noirs est cent fois plus productif
que celui des esclaves, les rend plus exigeants envers tes frères
esclaves. Ils veulent retirer de gens enchaînés, mal nourris,
soumis aux plus cruels traitements pour la moindre négligence,
qui ne produisent que pour des maîtres avides et sans entrailles,
ils veulent en obtenir la même somme de travail que peuvent
exécuter des hommes libres travaillant pour eux, pour leurs
familles; et les moyens qu'ils emploient sont le fouet, la prison,
la mutilation et la torture; souvent une mort affreuse afin d'effrayer les autres esclaves, quand ce n'est ni le caprice, ni l'i-
vresse, ni la férocité du caractère qui la donnent.

Ici, au fort et dans les établissements voisins, on ne dit
pas : Voyez ce que peuvent faire des noirs libres, éclairés et
dirigés par l'intelligence. Non, ce n'est pas ce langage que l'on
tient, ce ne sont pas ces justes réflexions que l'on fait; mais on
vous jalouse, on vous porte envie; on voudrait s'emparer de

vos biens, et vous remettre dans l'esclavage comme les autres noirs.

Il faut s'éloigner de ce continent, qui comprend si mal les droits de l'humanité, imbu de préjugés si odieux. Je te l'ai dit, Couba, il faut retourner là où sont nés tes pères, tu y trouveras une grande mission à remplir, et ton âme et ton cœur t'inspireront la force et le courage de l'accomplir.

Mon intention est de quitter ces contrées, envahies par des populations plus dangereuses que les Peaux-Rouges, de m'établir à la Nouvelle-Orléans, ou dans tout autre point de la côte, et de seconder ta mission de mon intelligence, de mon bien, en un mot d'être ton correspondant sur la côte d'Amérique, et de te fournir tout ce qui pourra concourir à ton entreprise.

Alors, il développa ses vues à Couba, et celui-ci, comme animé d'un nouvel esprit, enflammé d'une grande et noble espérance, ne put retenir les sentiments de sa reconnaissance, il fléchit les genoux devant Fritz, et lui dit :

— Vous avez le cœur grand, master Fritz. L'âme de votre père, notre bienfaiteur, doit se réjouir dans le ciel et s'enorgueillir d'un tel fils.

Ils se séparèrent, Couba pour aller préparer son émigration, et Fritz pour écrire à une compagnie qui achetait les concessions pour les revendre par parcelles. Celle que proposait Fritz était la plus importante de toutes les concessions avancées, la plus étendue et la plus productive. Les Hamburg suivraient Fritz là où il s'établirait.

CHAPITRE II.

projets de vengeance des planteurs. — Traitement des esclaves. — Barrow envoyé par Fritz chez les planteurs. — Rachat de deux noirs. — Vente du fort Saint-Pierre et de ses dépendances. — Départ pour l'Afrique. — Couba sur la côte de Guinée. — Première nuit de séjour. — L'attaque du lion.

LES trois planteurs (c'est le titre que l'on donne en Amérique à quiconque possède une concession ou une propriété), les trois planteurs que Couba avait rencontrés et qui s'étaient retirés en proférant des menaces contre le jeune nègre, se rendirent dans l'établissement le plus voisin et firent un récit aussi mensonger que malveillant de leur rencontre avec Couba. D'après ce récit, ils venaient d'échapper à un véritable guet-apens tendu par le jeune noir, et son habitation allait servir de refuge à tous les noirs fugitifs. Il ne serait plus possible d'avoir des esclaves dans cette partie des établissements, et le mal, gagnant de proche en proche, s'étendrait avant peu d'années dans toute l'Amérique ; une révolte d'esclaves en serait la suite, et la sûreté des blancs compromise.

Ces discours furent accueillis sans examen : le mépris de la race blanche pour la race noire ne permettait pas de raisonner, et les propositions les plus funestes aux noirs furent prises, propagées avec exagération dans tous les établissements voisins.

Une ligue formidable fut formée contre les paisibles habitants de Tomburg. Elle eût éclaté s'il n'eût pas été notoire dans toute la contrée que les noirs de Tomburg se trouvaient sous la protection du plus riche et du plus puissant planteur des possessions avancées, le fils du défunt commandant Douville.

De retour chez eux, les trois planteurs firent retomber sur leurs pauvres esclaves les résultats de leur méchante humeur.

Ils leur attachèrent un anneau de fer autour du corps, et un autre au-dessus de la cheville du pied gauche, une chaîne lourde allait de l'un à l'autre anneau, et les malheureux noirs ne pouvaient marcher qu'en supportant cette longue chaîne de la main gauche. On exigea cependant d'eux les mêmes travaux, et les mauvais traitements redoublèrent. Pour la plus légère négligence, ils recevaient la bastonnade, ou des coups de fouet qui leur enlevaient la peau; le maître faisait bassiner les cicatrices avec du sel et du vinaigre : traitement qui n'était qu'un raffinement de torture.

Souvent on les enfermait, chargés de chaînes, dans des trous pratiqués en terre, garnis de feuilles sèches, quand on daignait leur donner une litière, et recouverts d'énormes troncs d'arbres, dans les interstices desquels pénétraient la fraîcheur de la nuit et les pluies fréquentes en cette contrée.

Des planteurs estropiaient leurs esclaves pour leur ôter tout moyen de fuir, et les soumettaient malgré cela aux plus rudes travaux. Beaucoup succombèrent à ces affreux traitements, l'intérêt seul put les mitiger. La perte d'un esclave n'était pas celle d'un homme, mais celle d'une somme d'argent.

Un cercle de malveillance se resserra de plus en plus autour de l'établissement de Tomburg, et le mauvais vouloir se déclara si ouvertement en toutes les circonstances, que Comba, indigné des plaintes continuelles que lui faisaient contre les planteurs les habitants de Tomburg, hâta de tout son pouvoir l'émigration de ses frères noirs. Mais comme il ne pouvait en fixer l'époque, il se tint sur la défensive. Jamais ses travailleurs ne quittaient les habitations sans être en nombre suffisant pour se faire respecter. Chaque jour, quelques heures étaient consacrées au maniement des armes et aux exercices militaires; les femmes même apprirent à se servir de la carabine et du coutelas. Quant aux enfants, ils se modelaient sur leurs pères; leurs jeux étaient des jeux militaires.

Ainsi, sous tous les rapports, l'établissement Tomburg était en état de repousser toute attaque avec avantage ; ses habitants eussent pu mettre à la raison tous les planteurs du voisinage, mais ils n'avaient qu'un but : celui de résister à toute agression, qu'elle vînt des forêts ou des établissements.

Revenons un peu en arrière, pour nous occuper de la négociation du rachat de l'esclave fugitif réfugié à Tomburg.

Fritz chargea Barrow et Thorton de cette mission; ces deux anciens coureurs des bois s'étaient entièrement modifiés à leur avantage, depuis qu'ils vivaient dans l'intimité des Hamburg et de Fritz, mais ils conservaient leur réputation d'habiles chasseurs, et d'hommes qui ne s'effrayaient d'aucun danger.

Suivis de trois autres chasseurs, Barrow et Thorton prirent la route des autres établissements voisins de celui d'où un esclave s'était évadé; chassant pour cacher leur but, ils purent recueillir des renseignements, et arrivèrent bien informés à l'habitation du maître de l'esclave fugitif. Des cris lamentables s'en élevaient dans la cour; un homme, les manches retroussées jusqu'au coude, et armé d'un fouet composé d'une lanière carrée en cuir de bison, frappait à coups redoublés un pauvre noir, nu et attaché à un poteau.

— Pardon, maître, pardon, criait ce malheureux, je ne savais pas qu'il voulait se sauver, il ne m'avait rien dit.

— Ah ! il ne t'avait rien dit, abominable scélérat, et tu couchais avec lui dans la même case, et tu partageais ses travaux

et tu mangeais à la même gamelle, et il ne t'avait rien dit...
Un coup de fouet qui enleva la peau accompagna ces paroles.
Le pauvre noir se tordait dans les crispations de la douleur et
poussait des cris déchirants, en criant : Pardon, pardon, bon
maître.

L'arrivée de Barrow et de ses compagnons mit fin à cette
horrible torture. Dans les établissements, les étrangers, dont la
présence apporte de la distraction à la monotonie de l'existence,
sont toujours bien accueillis. Ils ont des nouvelles à raconter,
on les retient donc avec empressement : d'ailleurs la réputation
de Barrow s'était étendue au loin. Le maître suspendit donc le
supplice pour faire entrer les étrangers sous son toit et leur offrir
des rafraîchissements, il faudrait dire des altérants, des liqueurs
fortes, principalement de l'eau-de-vie.

— Votre esclave, lui dit Barrow, vous a sans doute dérobé
quelque chose?

— Le brigand, répondit le maître encore échauffé par la
colère, m'a caché que son camarade voulait devenir marron.

— Peut-être qu'il l'ignorait, objecta froidement Barrow.

— Il l'ignorait, il l'ignorait, reprit le maître en s'animant...
Non, non, les scélérats se communiquent toutes leurs mauvaises
pensées. Il en eût fait autant que l'autre, s'il eût osé, mais il est
timide et craint le fouet; et il se mit à proférer d'horribles jure-
ments.

— La perte d'un esclave est toujours une perte considérable,
dit Barrow... Combien vous coûtait celui qui s'est enfui?

— Quatre cents dollars, ni plus ni moins, répondit le maître,
et c'est une perte sensible pour le chef d'un établissement qui
commence à prospérer.

— C'est vrai, dit Barrow, mais ils ne sont peut-être pas perdus
vos dollars, j'ai connu dans le sud des planteurs qui risquaient
l'achat des nègres marrons, et qui parvenaient à les faire reprendre.

— Ce qui se fait dans le sud, dit le maître, ne peut se faire
dans ces territoires, et bientôt nous allons voir tous nos esclaves
passer marrons. N'ont-ils pas les territoires indépendants des
Peaux-Rouges et cette vermine noire qui habite Tomburg, qui
prêche d'exemple, et qui nous nargue en étalant une opulence
à laquelle bien peu de planteurs blancs peuvent arriver.

— Laissons les noirs de Tomburg pour ce qu'ils sont, ils ne

pourront jamais changer la couleur de leur peau, ni celle de leurs enfants. Revenons à votre fugitif; l'avez-vous bien cherché?

— Deux de mes voisins se sont réunis à moi pour la recherche, répondit-il. Nous avons une meute accoutumée à la chasse des noirs; nos recherches ont été inutiles.

— Peut-être est-il caché dans votre voisinage, quand vous avez été le chercher d'un autre côté!

— Non pas, dit le planteur, les chiens ont suivi sa trace jusqu'à la rivière au-dessus de Tomburg; là ils se sont trouvés en défaut.

Barrow parut réfléchir :

— Au-delà de la rivière, dit-il, commencent des forêts presque inaccessibles; s'il y est parvenu, comme il est sans armes, il sera devenu la proie des loups ou des panthères. Cependant, s'il m'appartenait je pousserais mes recherches jusqu'à ce que j'eusse trouvé ses ossements.

— Je n'en donnerais pas un dollar, dit le planteur; les ossements d'un noir ne le valent pas.

— Tenez, dit Barrow, je n'ai pas de point désigné pour ma chasse; autant chasser dans une partie des forêts que dans une autre. Cédez-moi votre propriété sur l'homme ou sur les os. Je vous en offre dix dollars...

Le planteur, dont la cupidité fut éveillée par cette proposition, regarda fixement Barrow un instant puis il lui dit :

— Dix dollars, mais ce misérable m'en a coûté quatre cents.

— Combien en vaut-il maintenant? lui demanda tranquillement Barrow. Vous offrir dix dollars, c'est faire une folie ; je retire mon offre.

— Mais si vous le rattrapiez, dit le planteur, quel beau marché vous auriez fait.

— Et si je n'en trouve que les os, quel sot marché aurai-je fait? dit Barrow. C'est un souvenir de l'ancienne fureur des jeux de hasard qui m'a repris.

Il s'arrêta...

— Mais qu'importe, je l'ai dit, et Barrow a toujours soutenu ses dires. Voilà dix dollars, consentez-vous à me les faire perdre?

Le planteur parut indécis, ses regards étaient fixés sur les dollars que Barrow étalait complaisamment sur la table, et sur le visage de celui qui les alignait.

Il ne répondait point : il se livrait en lui une discussion où les chances de perte ou de compensation se comparaient. Barrow réunit ses dollars, chercha sa bourse de cuir et l'ouvrit comme pour les faire disparaître.

Le planteur n'y tint pas; remplissant d'eau-de-vie le verre de Barrow, et approchant son verre, il dit :

— Ajoutez dix autres dollars et il est à vous.

— Où est-il? demanda ironiquement Barrow; vous parlez comme s'il était ici. Allons, ne plaisantons point : j'ai fait une affaire folle, je ne la retire point; je vais vous en faire une raisonnable... Vendez-moi l'esclave que vous avez laissé tout sanglant au poteau; il ne peut pas vous être attaché. Il passera tôt ou tard marron comme l'autre.

Le planteur sentit la vérité de ces paroles, aussi répondit-il :

— J'ai ici son acte d'acquisition, il me coûta deux cent cinquante dollars; je vous le cède pour le même prix !

— Vous êtes généreux, dit Barrow; quand vous l'achetâtes, avait-il la peau criblée de coups, était-il épuisé par le travail? Tenez, il est jeune, j'ai besoin d'un esclave pour mes chasses, vous allez me le céder, plus votre droit de propriété sur l'autre, mort ou vif, et je vous compte deux cent quarante dollars.

Le planteur se rendit à cette proposition : l'acte de cession des deux esclaves fut signé, l'argent compté et l'esclave fut détaché du poteau et amené à son nouveau maître. C'était un jeune noir, bien fait, mais d'une effrayante maigreur; son dos encore saignant était sillonné de cicatrices.

Barrow le pansa lui-même, et quitta ce planteur inhumain, heureux d'avoir soustrait deux créatures de Dieu à la cruauté d'un misérable planteur.

Quand il fut de retour au fort, et qu'il eut raconté à Fritz la manière adroite avec laquelle il avait si heureusement terminé sa mission, Fritz lui dit :

— Barrow, je suis heureux de voir deux pauvres esclaves délivrés de leurs tortures, mais je crains que l'affaire de l'esclave fugitif que vous saviez vivant, ne soit pas selon la probité.

Barrow, qui ne partageait pas les sentiments d'équité de Fritz, se mit à rire, et répondit :

— Si j'avais pu ne lui donner que le quart de la somme pour les deux esclaves, je m'en réjouirais...

— Non, Barrow, ne vous en réjouissez pas, dit Fritz avec dignité. Ces esclaves ont coûté six cent cinquante dollars à ce mauvais maître, il est vrai, mais cet argent était le produit de son travail. Un dédommagement lui est dû et il l'aura. Barrow, soyons justes et équitables, même envers les méchants; le planteur recevra en plus trois cents dollars, et vous, ajouta-t-il en souriant, vous en recevrez cinquante pour votre négociation; vous ferez une part équitable à vos compagnons.

Fritz payait ainsi la valeur des deux esclaves.

La compagnie à laquelle Fritz avait proposé la cession des établissements du fort Saint-Pierre envoya sur ces entrefaites des arpenteurs sur les lieux. Après un examen qui dura quinze jours, l'offre qu'on fit à Fritz dépassa son appréciation; il se hâta de l'accepter : tous ses soins se tournèrent alors vers les préparatifs du départ; comme il le désirait pour sa satisfaction personnelle et dans l'intérêt des habitants du fort Tomburg, il les hâta de tout son pouvoir.

La saison des hautes eaux du fleuve était arrivée, les deux navires et les trois barques pontées, qui devaient transporter à la Nouvelle-Orléans les émigrants, se trouvaient ancrés dans la crique voisine du fort. Il n'y eut plus qu'à transporter les effets et les objets qui devaient être embarqués.

Les noirs qui émigraient, en y comprenant ceux du fort Hamburg, et ceux que Fritz avait à son service, s'élevaient, hommes, femmes et enfants, à cent trente-sept, nombre suffisant pour fonder une colonie sur la côte occidentale de l'Afrique, si l'on fait attention que tous les hommes en état de porter les armes étaient tous bien exercés, industrieux et plus éclairés que ne le sont les noirs. Ils transporteraient en outre avec eux tous les outils nécessaires pour établir des ateliers où l'on fabriquerait les objets dont les noirs ont le plus besoin, ou dont ils sont le plus envieux. Fritz avait su intéresser à cette entreprise plusieurs négociants de la Nouvelle-Orléans, qui espéraient trouver dans cette colonie des comptoirs sûrs, où s'opéreraient des échanges avantageux, et qui acquerraient de plus en plus une extension considérable. En effet, la côte occidentale de l'Afrique offrait alors très peu de débouchés au commerce de l'Amérique.

A leur arrivée à la Nouvelle-Orléans, les émigrants noirs trouvèrent tout prêt pour leur embarquement et ne firent qu'un court séjour dans cette ville, où cette entreprise avait jeté une certaine inquiétude dans l'esprit des planteurs et des possesseurs d'esclaves noirs. La famille Hamburg, dont les propriétés avaient été bien vendues, se trouvait dans une grande aisance : elle alla s'établir à une certaine distance de la ville, dans une situation à l'abri de la fièvre jaune. Cette habitation appartenait à Fritz, dont ils devinrent les régisseurs aussi éclairés que probes. La séparation fut pénible; malgré la différence de la couleur de la peau, les bons Allemands avaient pris Tom, Job, et surtout Couba, en véritable affection : on eût dit que cette séparation avait lieu entre les membres d'une même famille.

Deux beaux trois-mâts chargés des effets des émigrants et de marchandises reçurent un équipage convenable et chacun un certain nombre de noirs. Un petit navire à vapeur prit les devants pour chercher sur la côte d'Afrique un lieu propre au débarquement et à l'établissement de la colonie. Couba et trente noirs d'élite montaient ce petit bâtiment, sur lequel s'embarqua aussi le père Lauriol.

Ce bon prêtre sentait l'impossibilité de vivre en paix au milieu des sectes religieuses qui pullulent en Amérique; il comprenait qu'en s'attachant à la colonie naissante, il trouverait des occasions plus fructueuses d'exercer son zèle et de propager parmi les populations ignorantes de l'Afrique les lumières de l'Evangile dans toute sa pureté...

Le navire à vapeur, bien approvisionné et dirigé par des marins instruits, fit la traversée sans graves accidents, et atteignit les côtes de l'Afrique, qu'il longea depuis les côtes du Sahara jusqu'au cinquième degré de latitude nord. Sur cette côte était fixé le rendez-vous des deux autres navires. On avait désigné cette partie de l'Afrique, parce qu'elle est très fréquentée par les négriers et qu'on y conduit les esclaves au marché qui se tient à Bihié, un des plus considérables de l'Afrique méridionale.

Le petit navire à vapeur, après être entré dans la mer que l'on nomme le golfe de Guinée, longea la côte, cherchant un atterrissement favorable. Il pénétra dans un petit fleuve, dont les eaux profondes avaient cependant un cours assez rapide. Resserré entre deux chaînes de rochers, entre lesquelles il s'était ouvert une large brèche, il débouchait dans la mer, où il entassait des bancs de sables mobiles, n'ayant qu'un étroit chenal, qui changeait à chaque saison des pluies ; mais il pouvait toujours fournir un passage suffisant aux navires qui le remontaient en profitant de l'ascension de la marée ; à un demi-mille, les rochers s'abaissaient ; les terres, plus basses et presque sabloneuses, laissaient les eaux s'étendre et former une immense nappe d'eau, peu profonde sur la rive droite, mais beaucoup plus sur la gauche où le fleuve formait un coude et rongeait continuellement ses rives jusqu'aux rochers qui lui faisaient obstacle. Ce fut dans l'enfoncement de cette petite crique que le navire alla s'ancrer ; on débarqua dix noirs, nés dans cette partie de l'Afrique, pour aller reconnaître le pays, tandis qu'un canot remontait le fleuve pour en faire la reconnaissance.

Le soir, les hommes envoyés en exploration rapportèrent qu'ils n'avaient parcouru qu'une contrée déserte, en partie stérile et hantée par les bêtes féroces. Une autre partie se trouvait ombragée de forêts impénétrables à cause des mimosas, des espèces d'acacias peu élevés qui en garnissaient l'intérieur. Le rapport des hommes du canot confirma celui des explorateurs par terre ; la contrée était déserte, et quoiqu'ils eussent remonté à plus de vingt milles, ils n'avaient pas découvert un seul habitant, mais de nombreuses traces de bêtes féroces. Ce fleuve nourrissait une grande quantité de crocodiles.

Le débarquement s'opéra rapidement, un lieu de campement fut choisi à la base des rochers et dans le voisinage d'une pointe de forêts qui se prolongeait jusqu'aux sables de la rive.

Dès que tout ce qu'il y avait à mettre à terre fut débarqué, le navire reprit la mer pour aller à la rencontre des deux trois-mâts et les ramener là où ils devaient espérer leur débarquement. Un drapeau de couleur rouge, couleur que l'on distingue d'une grande distance en mer, fut attaché au sommet du plus haut rocher, afin d'indiquer aux deux navires attendus le lieu où ils devaient aborder.

Couba s'occupa activement de son installation et de la sûreté du retranchement, quoique le pays eût été trouvé désert ; comme il savait par ses compagnons, qui étaient nés dans cette partie de l'Afrique, que les habitants y mènent une vie nomade et que plusieurs populations y sont farouches et même cannibales, il voulait donc se mettre à l'abri de tout accident. Les bêtes féroces se trouvant très nombreuses, il fallait aussi se préserver de

leurs attaques. La position du retranchement était avantageuse ;
à peu de distance du fleuve, il était adossé à des rochers escar-
pés, et toute la partie qui ne donnait pas sur le fleuve se trouvait défendue par des forêts que les bêtes farouches pouvaient
seules traverser. Les caisses, les barils servirent de retranchement temporaire, en attendant les véritables retranchements.

La première nuit fit sentir la sage prévoyance de Couba ; sous
la ligne, le ciel est d'une transparence inconnue dans les bru-
meuses contrées de l'ouest et du nord. Cette transparence n'est
troublée que durant la saison pluvieuse ; l'éclat des étoiles est tel
que nous ne pouvons nous en faire une idée ; leur quantité est
vraiment innombrable. Quand la lune est dans sa pleine clarté,
la lueur qu'elle projette sur la terre y produit un demi-jour qui
permet de distinguer nettement les objets à une assez grande
distance. La première nuit que les colons, depuis leur débarquement, passaient sur la côte d'Afrique, était une de ces nuits
transparentes.

Les fatigues de la journée, jointes à une chaleur accablante,
venaient de disposer au sommeil les compagnons de Couba, et
déjà tous, sauf la sentinelle, étaient étendus dans les hamacs
suspendus aux branches des arbres enfermés dans le retranchement, lorsque, du côté de la forêt, retentit un affreux concert
de hurlements, de sourds glapissements.

— Job, dit Tom, dont le hamac se trouvait voisin de celui de
son ami, c'est presque aussi effrayant que le cri de guerre des
Peaux-Rouges.

— Laissons-les hurler, Tom, ces carnassiers ne franchiront
pas le retranchement, et les Peaux-Rouges le franchiraient ou
l'incendieraient. Nous devons le savoir.

— Job, malgré la fatigue et l'accablement qui me reste, après
une journée ardente, je ne puis m'endormir au bruit de cette
infernale musique.

— C'est que tu es né en Amérique et que tu ne connais pas
l'heureuse terre d'Afrique.

— En vérité, Job, si tu appelles heureuse une terre où le
jour on est rôti par le soleil, et la nuit éveillé par d'aussi affreux
hurlements, je te trouve mauvais juge. En Amérique, les Peaux-
Rouges n'étaient pas toujours à vous hurler aux oreilles ; et puis,
après tout, quelque affreux que fût leur cri de guerre, c'étaient
des poitrines humaines qui le poussaient ; ici, c'est épouvanta-

ble, et l'on sait les êtres qui le poussent, du moins toi, Job, qui as eu le bonheur de l'entendre dès ta naissance. Quel est l'animal dont le glapissement lamentable, quoique féroce, s'élève de temps à autre au-dessus des autres hurlements ?

— C'est celui de la hyène. Vilaine et horrible bête, plus féroce que toutes les autres, mais lâche comme le loup d'Amérique.

— Et cet autre cri râlant et qui agace les nerfs?... Tiens, Job, celui qui retentit à l'instant même ?

— C'est le piaulement de la panthère, Tom... Belle peau, plus large et plus longue que celle de la petite panthère des forêts de l'Amérique... Ah ! l'Afrique ne produit pas des avortons comme ton Amérique, où tu étais si fier d'être né.

— Job, l'ours féroce qui t'a coupé net la main était-il un avorton ?...

Cette demande qui rappelait au bon Job la plus douloureuse et la plus triste aventure de sa vie, lui fit faire de bien tristes réflexions, mais les réflexions n'ont pas l'habitude de séjourner dans le cerveau des noirs. Job allait donc renouer la conversation, quand un bruit sourd, terrible, semblable à celui du roulement d'un tonnerre lointain s'éleva du côté du fleuve. Les hurlements divers se turent dans la forêt : on eût dit qu'une puissance supérieure venait d'imposer silence à toutes les bêtes féroces effrayées. Au milieu d'un silence profond, le même bruit, terrible, formidable, roula plusieurs fois à travers les airs.

Tom sentit le frisson parcourir ses membres.

— C'est le lion, dit Job, le grand lion de Guinée; aide-moi à décrocher mon hamac, suspends-le le plus haut que tu pourras.

Il y eut alors un frémissement dans les rameaux, tous les autres noirs se hâtaient de placer leurs hamacs aux branches les plus élevées.

La lueur de la lune éclairait tout l'intérieur du retranchement où les ombres des arbres ne se projetaient pas. Couba, qui n'avait jamais entendu les effrayants rugissements du lion, jugea la puissance de sa force par celle de ce rugissement. Il déménagea comme les autres noirs et fixa son hamac à une branche d'où il pouvait voir l'intérieur du retranchement.

Les conversations qui s'établissent entre les noirs, race babillarde, ne se faisaient plus entendre. Une attente silencieuse occupait tous les esprits... Pour la troisième fois, le rugissement retentit, mais plus fort, plus rapproché, quoiqu'il semblât sortir des entrailles de la terre... Presque au même instant, un lion d'une taille monstrueuse se montra de l'autre côté du retranchement ; on eût dit qu'il en examinait la hauteur et la force de résistance. La tête haute, les oreilles dressées et la langue pendante, il fit lentement le tour de l'enceinte ; on voyait sa longue queue frapper doucement son dos et ses flancs...

— Magnifique animal, dit Tom, sa tête est aussi grosse que celle d'un bison.

— Il abattrait un bison d'un coup de patte, Tom, et l'étranglerait d'un coup de gueule. Il n'y a que l'Afrique qui produise de pareils animaux.

Au bruit de leurs paroles, le lion s'arrêta, dirigea la flamme de ses regards vers le haut de l'arbre et fit entendre une aspiration profonde et formidable...

— Job, il sait maintenant où nous sommes perchés. Les lions grimpent-ils sur les arbres ?

— Non, Tom, mais ils font de fameux bonds. A peine avait-il fait cette réponse, qu'un bruit sourd s'entendit dans l'intérieur du retranchement ; le lion venait de le franchir, et se trouvait assis sur le derrière entre deux arbres, les regards fixés en haut... Immobile quelques instants il se dressa soudain, râlant d'une manière effrayante, et tournant autour de l'arbre sur lequel Tom, Job et Couba se trouvaient accrochés.

La voix de Couba fit entendre ces paroles :

— Frères, armez vos carabines, assurez-en le canon et visez à la tête. Comme si le lion eût compris le sens de ces paroles, il se mit à bondir, puis, reprenant sa première posture, il agita violemment sa queue et poussa une respiration bruyante.

Le bruit sec du fer quand on arme une carabine venait de cesser, sur les arbres le silence régnait, et le lion se soulevait, agitait sa queue, laissait pendre et retirait sa langue ; il voyait plusieurs proies, il les sentait, il les broyait déjà entre ses puissantes mâchoires...

— Feu ! dit Couba. Les explosions des carabines se confondirent dans une seule et tonnante explosion : le lion tomba comme s'il eût été foudroyé.

A ce bruit que les rochers répercutèrent, qui s'étendit au loin dans les forêts, répondirent les hurlements des carnassiers que l'approche du lion avait éloignés, puis le silence de la nuit, le silence de la solitude sous un ciel calme où les retentissements s'étaient éteints.

— Nous pouvons dormir en paix, dit Couba; préparons-nous par le repos aux fatigues et aux chaleurs dévorantes de demain.

Peu après, on entendit les ronflements sonores des noirs, sur l'esprit desquels le danger ne laisse aucune trace dès qu'il a disparu.

Le lendemain, on trouva que le lion, replié sur lui-même, avait la tête criblée de balles, les yeux crevés. Dans sa longueur, du bout du muffle à la naissance de la queue, il mesurait dix pieds. L'Afrique seule, sous la zone torride, produit de pareils monstres dans les carnassiers.

CHAPITRE III.

Arrivée d'un navire négrier. — Plan de Couba. — Sa réussite. — Le navire négrier amené dans la crique sous le retranchement. — Découverte de Job dans le navire négrier. — La caisse aux bouteilles de liqueurs. — Hallucination de Job. — Arrivée d'un des trois-mâts. — Les négriers sur la rive droite du fleuve. — Projets de Couba.

Couba voulait fixer son établissement sur la côte, non qu'il n'eût pas l'intention de le porter plus tard dans les terres une fois qu'il aurait une connaissance plus exacte du pays et des nations qu'il aurait pour voisines ; mais la position qu'il occupait convenait parfaitement à ses projets.

La marche des deux navires qu'il attendait exigeait plus de temps que celle du navire à vapeur qui l'avait transporté lui et ses compagnons sur la côte d'Afrique ; cependant ils devaient arriver peu de jours après lui, si leur navigation n'était pas contrariée par les mille accidents qui se produisent souvent en mer.

2..

A côté du drapeau, il fit élever une petite tente, où se tenait chaque jour un homme en observation, qui devait signaler les premiers navires qu'il aurait en vue.

Dès le troisième jour de l'établissement de cette vigie, le signal fut donné qu'un navire pointait à l'horizon. Couba courut au haut du rocher ; à l'aide de sa lunette, il observa le navire en vue. Il ne reconnut ni la forme ni la dimension d'un des trois-mâts qu'il attendait. Cependant le navire cinglait à toutes voiles vers la côte, ayant vent arrière. Bientôt il distingua plus nettement la forme de ce navire : elle était allongée et lui parut d'un fort tonnage. Il eut le pressentiment que ce pouvait être un navire négrier ; abattant aussitôt le drapeau, il envoya le noir de la vigie au retranchement pour ordonner d'éteindre tous les feux et de faire disparaître tout ce qui pouvait être visible du fleuve.

Cependant le navire avançait rapidement ; sa marche n'annonçait aucune incertitude, c'était vers l'embouchure du fleuve qu'elle était dirigée. Dès que le navire se trouva à un mille du rivage, il descendit à la mer une longue embarcation ; les rameurs pointèrent vers l'embouchure du fleuve, reconnurent le chenal, et, après l'avoir sondé, retournèrent au navire. La mer commençait à monter ; ils s'avancèrent portés par la marée, enfilèrent le chenal, et entrèrent dans le fleuve en face du retranchement. Une appréhension saisit Couba : si malgré les arbres et les rochers qui couvrent notre retraite, se dit-il, les négriers viennent à la découvrir, il est probable qu'il faudra en venir aux coups de carabines ; leur équipage me paraît nombreux, il doit être bien armé ; eussions-nous l'avantage, plusieurs de mes frères y laisseront la vie, et ce serait pour nous une perte irréparable. Ces réflexions le tourmentaient tandis que d'un regard inquiet il suivait la marche du navire qu'il supposait négrier. Celui-ci ne s'arrêta pas dans la crique formée par le cours du fleuve, il s'avança dans l'intérieur, toujours précédé de la barque qui sondait en avançant. En lui voyant exécuter cette manœuvre, Couba se rassura ; si ce navire dépassait la pointe où le cours faisait un détour considérable, on le perdait de vue, et par conséquent il n'avait plus à craindre que le retranchement fût découvert. L'eau était profonde, la mer montante facilitait la marche du navire ; il doubla la pointe et disparut derrière les hauts rochers qui la formaient.

L'intelligent Couba comprit aussitôt l'avantage que lui donnait l'éloignement du négrier, qui ne pourrait redescendre le fleuve qu'à la haute mer. En remontant ainsi son cours, le négrier avait l'intention de s'aboucher avec les noirs de l'intérieur des terres et de traiter de la vente des esclaves. Ceux de ses compagnons qui avaient été enlevés à cette partie de l'Afrique assuraient Couba que c'était à cette époque de l'année que le grand marché des esclaves de l'intérieur avait lieu à Bihié. Sans perdre de temps, il prit cinq noirs avec lui et son père Tom, et, en se couvrant des lisières d'arbres et de roseaux, ils remontèrent jusqu'au point où ils supposaient que le négrier avait pris son ancrage.

Quoique la journée fût à son déclin, tout, sur le négrier, se préparait au débarquement; deux barques et un petit canot allaient et revenaient du navire à la rive, sur laquelle on voyait entassés des monceaux de tonneaux, de malles et autres objets.

Du lieu où il se trouvait en observation, Couba suivait tous les mouvements, comptait le nombre des hommes débarqués, et calculait quel pouvait être celui de l'équipage entier. Il revint au campement, méditant un projet hardi et dont nous allons connaître les résultats.

Quelque temps avant que le soleil parût à l'horizon, Couba, à la tête de vingt noirs, se trouvait embusqué sur la rive gauche du fleuve. Il paraît que la fatigue de la veille et l'intensité de la chaleur avaient épuisé l'équipage du négrier, car ce ne fut que fort tard qu'il se mit en mouvement. La rive, qui commençait ce que les noirs nomment karros, une longue plaine aride, semée de petits cailloux sur un fond de sable, était couverte de ballots et de négriers occupés à les mettre en ordre. Couba put compter soixante-dix hommes débarqués; il pouvait en rester une trentaine sur le navire, éloigné d'un quart de mille de la rive. Ces hommes s'occupaient à charger les barques; lorsque le chargement fut achevé, il en descendit environ vingt pour les pousser à la rive, où elles restèrent attachées.

Le peu d'hommes demeuré sur le navire cargua toutes les voiles et prit toutes les mesures que l'on prend dans un port où le navire doit faire séjour.

Vers la dixième heure du jour, un fort détachement partit de la rive, gagna les hautes terres et disparut dans les forêts. Il ne restait donc que peu d'hommes sur la rive, et un plus petit nombre encore sur le navire. Si Couba avait eu des moyens de transport, il eût tenté de s'emparer du navire ; mais, en cet endroit le fleuve avait une grande largeur, il renonça à ce projet. Durant la nuit qu'il alla passer au retranchement, ne laissant qu'un seul noir en observation sur un baobab, il réunit une quantité de planches et fit couper des arbres pour construire un radeau.

Cette nuit, ils furent inquiétés, non par les bêtes féroces, qui paraissaient s'être éloignées, mais par des crocodiles qui montèrent jusqu'auprès du retranchement. On les éloigna avec de grands feux, connaissant l'inutilité des armes à feu contre ces animaux si solidement cuirassés ; le radeau ne fut achevé que le jour suivant ; voici ce qui s'était passé à bord du négrier et sur la rive. Tous les hommes restés à bord étaient descendus à terre et avaient été à la chasse des singes et de tout autre gibier. Le soir un petit nombre s'était rendu à bord, mais dès le matin, ils avaient regagné la terre et recommencé leur chasse. D'après ce rapport, Couba comprit qu'il lui serait facile de s'emparer, de nuit, des navires et même des barques amarrées à la rive.

Malgré la chaleur du jour, le radeau fut ajusté sur le fleuve, consolidé et muni de tout ce qui parut nécessaire à l'entreprise de Couba ; ils profitèrent de la marée montante pour atteindre la pointe de rochers derrière laquelle le fleuve faisait un coude, et là ils attendirent la nuit.

Couba avait remarqué que le courant, en se dirigeant dans l'enfoncement de la rive droite, occasionnait un faible courant ascendant le long de la gauche. Il en profita, en dirigeant son radeau le long de cette rive, et en s'élevant au-dessus du lieu où le navire négrier dormait sur ses ancres. Dès que la nuit fut venue, il poussa à la rive droite, jeta à terre deux noirs qui devaient s'approcher du campement des négriers et les reconnaître. Par une circonstance qu'on pourrait appeler providentielle, les négriers, à la suite d'une chasse abondante, s'étaient livrés à une orgie et endormis de fatigue et sous l'influence de la boisson. Les deux noirs purent faire le tour de leur campement, examiner sur la rive les barques abandonnées, et revenir sans avoir été découverts, faire leur rapport à Couba. Sans perdre de temps, ils descendirent tous à terre, se glissèrent silencieusement le long de la rive, entrèrent dans les barques, et ramèrent sans bruit vers les navires. Les hommes qui s'y trouvaient

..vaient sans doute pris part à l'orgie de leurs camarades, car
pas un seul ne se présenta pour s'informer pourquoi les barques
l'abordaient au milieu de la nuit. Les noirs s'emparèrent d'eux,
sans qu'ils fissent la moindre résistance ; ils étaient au nombre
de sept. Ce ne fut que quand on les descendit dans la cale que,
reconnaissant qu'ils étaient tombés en mains ennemies, ils voulurent résister, mais sans succès.

Maître du navire et des barques, Couba visita les canons ; ils
étaient chargés, et plusieurs pointés vers la rive.

Il fit aussitôt appareiller, et se poussant dans le courant il descendit dans la crique, aux pieds de son retranchement. Il avait
eu la précaution d'envoyer une des barques à son radeau, avec
ordre de l'amener à la remorque. Ainsi les négriers se trouvaient sur l'autre rive, sans moyens de passer sur la gauche ;
Couba comptait bien se mettre en mesure de les recevoir, avant
qu'ils eussent construit un radeau pour venir l'attaquer.

Ce coup de main aussi hardi qu'heureux n'aveugla point le
jeune noir ; il savait qu'avec le peu de force dont il disposait, il
lui serait impossible de résister à l'équipage du négrier, qui s'é-
levait à plus de cent hommes, bien armés et déterminés. Aussi
prit-il toutes ses précautions pour rendre son campement à peu
près imprenable, et il attendit avec impatience l'arrivée des deux
navires qui portaient le reste de la colonie. Dans la crique où il
était ancré, le navire négrier n'avait à craindre que les coups de
vent ou l'attaque des radeaux que les négriers construiraient
infailliblement pour reprendre leur navire. L'artillerie dont ce
navire était armé le mettait à l'abri d'une attaque ouverte ; il
fallait donc se précautionner contre une surprise de nuit.
Un petit nombre d'hommes lui parut suffire, car à la première alerte, il pouvait dans un instant accourir avec le reste
de sa force armée. L'âge et le courage éprouvé de son père et
de Job répondaient de la conservation du navire ; il leur fut con-
fié, et le nombre de leurs compagnons de garde s'éleva à dix.

Les deux inséparables amis s'installèrent à leur poste, rangè-
rent sur l'avant, tourné vers le haut du fleuve, quatre pièces de
canon, plièrent toutes les voiles et établirent une vigie au haut
du mât. Les noirs sont très curieux de leur nature ; dès que toutes
les mesures jugées nécessaires eurent été prises, Tom et Job
commencèrent à fureter dans le navire. Plusieurs tonneaux de
grande dimension attirèrent d'abord leur attention : ils étaient

ouverts, Job y plongea le regard et recula en poussant une exclamation de colère.

— Vois, Tom, s'écria-t-il en renversant de sa vigoureuse main un des tonneaux ; vois ce que les blancs ont apporté pour nos frères. Des tonneaux s'échappèrent des chaînes, des colliers de fer, des pincettes et d'autres instruments de torture. Soulevant un collier pesant, Job, dont la colère allait croissant, s'écria :

— Frères ! frères ! venez ! Job va vous expliquer l'usage que les blancs font de ces instruments ; et agitant le collier, il ajouta :

« J'étais jeune comme les plus jeunes d'entre vous quand les blancs me volèrent sur cette côte. J'étais fort et furieux ; ils me mirent un pareil collier autour du cou, et attachèrent sa chaîne à un anneau de fer scellé dans les poutres du navire. Je criais, je hurlais, dans les transports de ma rage ; ils me mirent un bâillon, comme on met un mors à un cheval. Mes mains broyèrent les bras des bourreaux, ils se jetèrent dix sur moi, sur moi dont le cou était renfermé dans un collier de fer, ils me frappèrent avec des lanières de cuir nouées et plombées, serrèrent mes pouces dans cet instrument ; les veines gonflées firent suer le sang à ma chair.

» Nous étions trois cents enchaînés, entassés dans un espace où cinquante blancs ne se seraient pas trouvés à l'aise, privés d'air, de la clarté du jour et dans une atmosphère puante et asphyxiante. La barre de fer à laquelle nos chaînes étaient rivées supportait le lendemain vingt-quatre cadavres ; ils étaient morts de désespoir, sous les mauvais traitements, ou avaient mis fin eux-mêmes à leurs malheurs.

» Quand, par calcul, on nous fit monter sur le pont, pour remplir d'un air plus salubre nos poitrines oppressées, plusieurs de mes compagnons se jetèrent à la mer, ses abîmes leur paraissaient moins affreux que la prison des blancs : ô mes amis, mes frères, la vue de ces affreux instruments me rappelle ces jours de désespoir ; combien peu d'entre vous ne les ont pas traversés ! »

Alors se baissant avec violence, il saisit des paquets de chaînes et les lança par-dessus le bord ; les autres noirs se mirent aussi à l'œuvre, et les eaux du fleuve engloutirent ces infernales inventions des blancs.

Tom n'avait jamais vu Job sortir de sa nature paisible avec tant de violence ; la vue de cet instrument de torture avait produit sur lui un effet différent de celui qu'éprouvait Job ; elle avait excité une colère sourde, une indignation profonde qui se serait traduite par des actes de violence, s'il eût eu un blanc sous les yeux. La colère se lisait aussi dans les regards de ses compagnons ; mais, chose étrange! pas un cri, pas un murmure, pas une menace ne se fit entendre. Les grandes et profondes colères sont muettes.

La nuit était soudain descendue sur la terre, la brise de mer rafraîchissait l'air et la marée montante clapotait autour des flancs du navire ; Tom et Job allèrent s'asseoir à l'avant sur un rouleau de cordages, et, plus calmes, ils se mirent à causer avec leur naïveté ordinaire.

— Tu conviendras, Job, que mon fils Couba est un savant homme ; s'il avait la peau blanche, il serait aussi savant que master Fritz.

Job ne répondit point. Ses regards étaient fixés sur l'endroit du fleuve où les fers avaient été jetés. Job n'avait pas encore oublié les instruments de torture des blancs.

— Si toi et moi, Job, avions dirigé cette entreprise, nous n'aurions pas pensé comme Couba.

— Non, Tom, non, nous n'aurions pas pensé comme Couba ; c'est la vérité, Tom.

— Il est certain, Job, que nous aurions abordé, comme il nous a fait aborder, puis nous aurions rampé vers le campement des blancs, les Peaux-Rouges nous ont enseigné ces manœuvres, puis, Job, nous...

— Nous les aurions tous assommés, s'écria Job, dont la colère se réveillait, tous jusqu'au dernier...

— Couba ne l'eût pas permis, Job. Peut-être a-t-il eu raison!...

— Ah! tu dis qu'il a eu raison, tu dis cela toi, Tom, parce que Couba est ton fils... Mais le petit (Job nommait le petit son fils aîné, gaillard de cinq pieds dix pouces) le petit ne l'eût pas fait lui ; non, certainement il ne l'eût pas fait ; il a ses deux mains, lui... le pauvre Job jeta un regard de regret sur son bras privé de main...; car il sait bien que les brigands que nous avons épargnés attendent de malheureux noirs pour les charger de fers et les enfermer dans une cale puante, et les mener en Amérique, les étaler sur le marché des blancs.

— Mais, mon bon Job, dit Tom avec douceur, ils n'ont plus de navire, que vont-ils faire des esclaves qu'ils ont achetés ?

Cette question fut un trait de lumière pour Job ; il répéta :

— C'est la vérité, ils n'ont plus de navire, que vont-ils faire des esclaves qu'ils ont achetés ?

— Tu vois donc bien, mon bon Job, que Couba a plus d'esprit que nous, et qu'il sait bien ce qu'il va encore faire.

— Couba a plus d'esprit que nous, répéta Job ; il sait bien ce qu'il va faire, tu as raison de dire que s'il avait la peau blanche, il serait aussi savant que master Fritz.

— Job, entrons dans la cabine du capitaine, c'est nous deux qui sommes maintenant le capitaine ; la cabine nous appartient.

Ils allèrent s'y établir, et y allumèrent une chandelle qu'ils y trouvèrent.

— Les brigands ! se loger ainsi avec toutes leurs aises, tandis que les pauvres noirs sont entassés, chargés de fer, dans la cale !

Ce fut Tom qui fit cette réflexion, et ses regards se promenaient dans toutes les parties de ce petit appartement.

Une caisse se trouvait ouverte, il en souleva le couvercle, la caisse était pleine de bouteilles... Il poussa presque un cri de joie...

Prenant une bouteille et la mettant entre ses yeux et la lumière, il ne put retenir cette exclamation : Job, du rhum !

Les yeux de Job s'animèrent, il plongea à son tour la main dans la caisse et en retira une seconde bouteille, fit ce qu'il avait vu faire à son ami, et répéta la même exclamation.

Les bouchons sautèrent, et les deux amis, se penchant en arrière, commencèrent à délester les bouteilles.

— Les brigands, dit Tom, boivent une pareille liqueur tandis que de pauvres noirs qui ont le gosier brûlant et desséché ne boivent qu'un peu d'eau sale et puante !

— Dis qu'ils n'en boivent pas à leur soif et qu'elle fourmille de vers, dit Job en baissant sa bouteille aux trois quarts vide ; sans être aussi avancé dans sa besogne, Tom pouvait avoir bu la moitié de sa bouteille ; le sang lui montait à la tête, et troublait sa raison.

— Job, je t'aime comme un frère, Couba est un fameux homme.

— Oui, Tom, le petit est aussi habile chasseur que moi. Pourquoi les camarades qui sont à bord avec nous ne boiraient-ils pas un coup de cette liqueur, Tom?

— Pourquoi, pourquoi ! mais c'est parce que nous ne les appelons pas.

— Holà, hé ! les autres, approchez ici...

C'était Job qui faisait cet appel, et sa voix retentit dans toutes les parties du navire; peu après la cabine du capitaine se trouva pleine de noirs, la caisse de liqueurs leur fut généreusement livrée, et largement délestée.

Les noirs aiment avec passion les liqueurs fortes; ils purent satisfaire leur goût et le firent avec l'imprévoyance de leur nature. Une heure après, ils ronflaient étendus pêle-mêle sur le plancher. Tom seul conservait un peu de raison...

— Si Couba le savait! se dit-il. Il faut que j'aille me rafraîchir à l'air de la nuit. Il monta en chancelant sur le pont; il crut voir les mâts se balancer, les étoiles danser au ciel, et quand il abaissa ses regards sur le fleuve, cinq ou six barques lui apparurent glissant vers le navire...

— Holà, Job! holà! tous les autres, accourez; les blancs viennent à l'abordage. A cet appel alarmant, Job, secouant son lourd sommeil, accourut aussi ferme qu'il le pût, le reste de la chandelle à la main, allant droit aux canons; il mit le feu à la mèche, et quatre détonations consécutives tirèrent les autres dormeurs du sommeil. Ils sont sur le pont, les carabines retentissent, c'est un vacarme à réveiller d'un sommeil de plomb.

Rien n'est plus propre à dissiper l'ivresse que l'appréhension d'un danger imminent. Les noirs, après avoir rechargé leurs carabines, cherchèrent du regard le point de mire; ils ne virent que l'eau du fleuve descendant en ondulations vers la mer et reflétant en lames lumineuses la lueur de la lune.

Couba arrivait à l'instant sur la rive, avec une partie des gens du retranchement; on entendit sa voix. Tom, tout-à-fait dégrisé, dit à Job :

— Réponds-lui, ami, tu as la voix forte, il entendra mieux que si c'était moi...

La voix de Couba cria une seconde fois : Envoyez une barque.

— Vas-y, mon bon Job, vas-y, tu conduis mieux une barque que moi !

Le bon Job obéit, et tandis qu'il allait à la rive, l'avisé Tom jetait les bouteilles vides dans le fleuve, et remettait de l'ordre dans la cabine.

— Silence, vous autres, dit-il aux noirs; il ne faut pas que Couba le sache...

Arrivé à bord, Couba interroge et reconnaît bientôt que les noirs étaient encore un peu ivres; son esprit pénétrant devina le reste. Tom avait pris les crocodiles qui s'ébattaient dans le fleuve pour des barques montées par des négriers. Telle était la cause de son illusion.

— Père, dit Couba, si les négriers avaient des barques à leur disposition, je comprendrais votre erreur. Vous avez laissé vos compagnons s'enivrer; si l'ennemi n'eût pas été une illusion, que serait-il arrivé?

Tom baissa la tête devant son fils, et ne chercha point à s'excuser.

— Pauvre père, dit Couba en lui prenant la main, que dira le père Lauriol quand il apprendra ce qui vient de se passer? Vous savez qu'il nous répétait souvent que l'ivresse prive l'homme de sa raison et lui fait commettre de bien regrettables actions?

— C'est vrai, Couba, c'est l'exacte vérité; mais cela n'arrivera plus, si tu fais enlever les vins et les liqueurs qui se trouvent encore dans le navire.

Couba sourit de la naïveté de son père, mais il ne manqua pas de profiter de son avis : dès le jour même le navire n'offrit plus une tentation à laquelle les noirs n'ont pas la force de résister.

La canonnade et la fusillade de la nuit eurent des résultats inattendus; avertis par les explosions, les négriers, qui ne savaient à quoi attribuer la disparition de leur navire, avec ses chaloupes et les hommes qui s'y trouvaient de garde, accoururent sur la rive opposée et se montrèrent au nombre de quarante hommes. A la vue du navire ancré dans la crique, ils répétèrent leurs signaux d'appel sans recevoir de réponse; ils s'agitaient sur la rive, ne sachant à quoi attribuer ce qui s'était passé. Les moyens de transport leur manquaient, c'est ce qui redoublait leur incertitude. Pour eux, il était évident que le navire n'était pas venu seul prendre son ancrage là où il se trouvait; mais les sept matelots qui se trouvaient à bord étaient hors d'état de l'appareiller et de le conduire à l'embouchure du fleuve. Leurs inquiétudes étaient d'autant plus excitées qu'ils attendaient un

premier convoi d'esclaves et qu'ils n'avaient ni où les renfer-
mer, ni navire pour les transporter. Couba venait de défendre
aux hommes restés à bord de se mettre en évidence ; le navire
paraissait donc abandonné.

Un négrier osa se mettre à la nage pour venir au navire ; les
crocodiles le dévorèrent et dégoûtèrent les autres d'une pareille
tentative.

Tel était l'état des choses quand la vigie signala un navire
en vue. A l'aide de sa lunette, Couba reconnut un des deux navires destinés à la colonie. Le drapeau fut de nouveau arboré sur
le rocher, et pour que le signal devînt plus apparent, les noirs
allumèrent un grand feu à côté du même drapeau. Le navire
avançait, mais lentement, le vent de terre lui était contraire :
enfin vers le soir, il atteignit l'embouchure du fleuve, où il
fut rejoint par une des chaloupes, envoyée par Couba pour lui
indiquer le chenal; il put le remonter à la marée, et vint jeter
ses ancres près du navire négrier.

Le premier navire s'était éloigné de l'autre par suite de gros
temps qui avaient contrarié sa marche; mais il apportait des
nouvelles satisfaisantes et qui faisaient espérer que le second
trois-mâts serait bientôt en vue.

Le père Lauriol et soixante noirs, tant hommes que femmes et
enfants, se trouvaient à bord de ce navire. La joie de Couba fut
grande de l'arrivée de l'homme à qui son intelligence devait
tant; elle le fut aussi de l'augmentation de ses forces : il ne pouvait se dissimuler que les négriers ne tenteraient pas tout pour
reprendre leur navire, sans lequel leur retour à Cuba, d'où ils
étaient partis pour la traite, serait impossible. Dans le père
Lauriol il allait trouver un homme capable de le seconder et à
qui il pourrait confier sans inquiétude la direction du campement, s'il se trouvait dans la nécessité de s'en éloigner.

Le jour suivant se passa sans qu'on aperçût aucun négrier
sur la rive opposée, mais non pas sans avantage pour les émigrants. Des cabanes furent construites par le concours de tous,
et comme le retranchement se trouvait trop restreint, depuis
l'augmentation de la population noire, on l'étendit vers le pied
de la montagne, où, en cas d'attaque, il serait plus facile à défendre. Le père Lauriol et Couba organisèrent le service intérieur et pourvurent à toutes les éventualités.

L'eau, si nécessaire dans ces contrées brûlantes, ne pouvait être apportée au retranchement qu'au grand danger de ceux qui l'allaient puiser dans le fleuve. Depuis l'installation des noirs, le nombre des crocodiles paraissait augmenté aux abords de la rive ; un noir avait failli être dévoré et un cheval était devenu leur proie. Pour chasser ces bêtes voraces et d'un voisinage si dangereux, on résolut de mettre le feu aux roseaux et aux hautes herbes qui foisonnaient sur la rive. Pour cet effet on entassa des branches sèches qui furent lancées en feu au milieu des roseaux desséchés par un soleil dévorant ; ils eurent alors sous les yeux le plus hideux et le plus étonnant spectacle qui se puisse imaginer.

Les roseaux et les herbes formaient une lisière large et touffue le long du fleuve ; elle était le repaire d'une multitude de reptiles, de crocodiles et d'insectes. Le feu, mis dans un grand nombre d'endroits, rencontrant une matière très inflammable, et secondé par un vent très vif de mer, s'étendit avec une rapidité étonnante ; comme il brûlait dans une grande longueur le long de la rive, les hôtes hideux de cette forêt aquatique, ne trouvant de refuge ni en remontant ni en descendant, se réfugièrent sur la terre aride au-dessus des roseaux. Des nuées d'insectes s'élevèrent en tourbillonnant au milieu de la fumée, des lézards, des serpents rampèrent à demi grillés ; les crocodiles, plongeant dans le fleuve, fuyaient vers la rive opposée, où ils trouvaient un asile. Les noirs détruisirent grand nombre de reptiles dont ils se régalèrent, mais un inconvénient auquel on ne s'était pas attendu tomba sur le campement ; des nuées innombrables d'insectes s'y abattirent et devinrent un véritable fléau. Cependant le large ruban de flammes montait le long du fleuve, atteignait une pointe de forêts avancée, et y communiquait l'incendie.

Il faut avoir habité ces contrées ardentes pour se faire une idée de la rapidité avec laquelle l'incendie s'y étend ; des premiers arbres, la flamme se communiqua de proche en proche, délogeant des troupes de singes de toute espèce. Leurs criailleries, les pétillements des flammes, les hurlements des bêtes fauves dont le feu envahissait les retraites, et enfin ce vaste cercle ardent ondoyant et vomissant dans le ciel des torrents d'étincelles et de fumée, rendirent la nuit aussi imposante que terrible.

Des bouffées de vapeurs chaudes, que ne pouvait tempérer le

i vent de la mer, ne permirent pas aux colons de se livrer au repos, que des insectes innombrables et altérés de sang troublaient
déjà. Ce fut donc avec plaisir qu'on vit briller le soleil, et qu'on
put aller observer l'état de la rive après un pareil incendie. Il
l'avait entièrement nettoyée, et l'on put se procurer de l'eau sans
danger.

Les événements allaient se presser; tandis que les colons s'occupaient activement d'achever de décharger le navire, la rive
opposée se trouva tout-à-coup couverte de négriers et d'esclaves
enchaînés. Un grand désordre paraissait régner dans cette multitude; les esclaves se trouvaient relégués le long du rivage au
milieu d'un cordon d'hommes armés; le reste des négriers sem-
blait tenir conseil à quelque distance sur une petite éminence
qui dominait les alentours.

Du haut d'un rocher, Couba les observait et comprenant leurs
embarras, formait le projet de délivrer les esclaves et de les enlever comme il avait enlevé le navire; mais les circonstances ne
se présentaient pas aussi facilement. Il en comprit l'impossibilité
sans effusion de sang, et Couba ne voulait point en répandre.

— Laissez-les consommer leurs vivres, se convaincre de l'impossibilité de reprendre la mer, dit le père Lauriol, alors vous
prendrez conseil des circonstances. Il avait raison.

Deux noirs se proposèrent d'aller traverser le fleuve hors la
vue des négriers, et d'observer leurs mouvements dans l'intérieur
des terres. Le trois-mâts avait un petit canot, de ceux que les
matelots nomment youyou; deux hommes pouvaient facilement
le manœuvrer. Les deux noirs s'y embarquèrent, remontèrent le
fleuve durant la nuit, et allèrent aborder à la pointe de la langue
de terre au-delà de laquelle le navire négrier avait été enlevé.
Ils furent surpris de voir de grands feux allumés sur le rivage;
des négriers en assez grand nombre s'occupaient activement à
la construction d'un radeau, dont la charpente flottait déjà dans
la crique. Ils revinrent promptement rapporter cette découverte
à Couba.

On a déjà dû remarquer que ce jeune noir était doué d'une
intelligence peu ordinaire; il devina le projet des négriers et
conçut celui d'en profiter pour délivrer les esclaves entassés sur
la rive, et qui seraient laissés à la garde d'un petit nombre
d'hommes. Il renvoya les deux noirs pour observer les progrès
du travail des négriers.

CHAPITRE IV.

Les négriers et leurs esclaves. — Délivrance de ceux-ci. — Les négriers abandonnent leurs malades. — Humanité de Couba. — Travaux de culture. — Écoles pour les enfants noirs. — Genre d'instruction. — Retour du navire en Amérique. — Deux dangers menacent la colonie. Le pourrah. — Grande chasse. — La panthère. — Danger couru par Tom. — Exploit de Job.

Dès que Couba eut appris que le radeau que construisaient les négriers se trouvait à peu près terminé, il supposa que le nombre des hommes laissés à la garde des esclaves se trouverait réduit autant qu'ils le jugeraient possible, et voulut profiter de cette circonstance pour mettre son projet à exécution. Il disposait de quatre barques et d'un canot, il mit dans cette petite embarcation quatre noirs intelligents, leur ordonna de remonter le fleuve jusqu'à ce qu'ils ne fussent plus en vue des négriers restés sur la rive opposée à la garde des esclaves : vers le milieu de la nuit, ils s'approcheraient du campement, et surprendraient les hommes de garde, s'il les trouvaient endormis. Dans le cas contraire, ils attireraient leur attention de leur côté, tandis que lui, Couba, à la tête de quarante noirs, les surprendrait en tombant sur eux du côté opposé.

Il leur donna pour cri de ralliement ou plutôt d'avertissement, un cornet retentissant, dont ils devraient tirer trois sons dès qu'ils seraient dans le voisinage du campement négrier, si les hommes étaient sur leurs gardes.

Au commencement de la nuit, avec ses chaloupes, il se laissa entraîner par le courant à environ un mille, puis atteignit la rive droite. Divisant son monde en deux troupes, il s'avança jusqu'à deux cents pas du campement et y attendit le signal :

ce ne fut pas le son du cornet qui le lui donna, mais le bruit d'une explosion d'armes à feu. Il n'y avait pas de temps à perdre, ils s'élancèrent sur le campement, et la lutte s'engagea entre ses hommes et les gardes. Elle fut courte, corps à corps, mais le sang coula des deux côtés, car on se battait avec les baïonnettes et le coutelas. Les négriers tombèrent tous sous les coups des noirs, qui se mirent aussitôt à déchaîner les esclaves, à les diriger vers les barques qui les transportèrent sur l'autre rive, où ils étaient attendus; les chaînes furent jetées dans le fleuve. Cette expédition terminée avec tant de célérité, coûta la vie à un noir; dix autres furent plus ou moins dangereusement blessés, mais tous les négriers furent tués.

Tandis que Tom, sous les ordres du père Lauriol, distribuait les esclaves délivrés dans les cases du retranchement et leur donnait tous les secours que réclamaient leur dénûment et leur affaiblissement, l'infatigable Couba, à la tête de soixante hommes, et traînant avec eux trois canons, se portait en face de la pointe de terre que le radeau des négriers devait doubler pour atteindre la rive gauche.

Ils y arrivèrent vers le milieu du jour; la chaleur était si accablante que les négriers, ayant cessé de travailler, étaient étendus à l'abri de plusieurs arbres près la rive. Couba disposa ses gens, sans être découvert; il comprit à la tranquillité des négriers que l'expédition de la nuit ne leur était pas encore connue et qu'ils comptaient commencer leur entreprise la nuit prochaine.

Le radeau était considérable : à l'aide de sa lunette, il pût distinguer l'ouverture de plusieurs canons à la partie tournée vers le fleuve. C'étaient sans doute de ces petits canons dont presque tous les navires négriers sont pourvus et qu'ils descendent à terre pour maintenir les noirs avec lesquels ils traitent, et les esclaves qu'ils ont achetés : il ne découvrit personne sur le radeau que l'eau ballottait t   près de la rive. L'idée lui vint de détruire ce radeau, de mettre durant quelques jours les négriers dans l'impossibilité de passer le fleuve; s'il obtenait ce résultat, il espérait que les marchands d'esclaves qui devaient en amener sur la rive, comme le lui avaient appris ceux qu'il venait de délivrer, voyant la situation critique des négriers, leur susciteraient de nouveaux embarras. Ses canons furent pointés sur le radeau; il les ajusta lui-même, puis commanda le feu.

Les boulets firent voler des éclats de bois, des paquets tom-

bèrent dans le fleuve, et une seconde bordée achevait de l'endommager quand les négriers accoururent, puis, voyant qu'ils
étaient à découvert, se réfugièrent derrière un énorme baobab
voisin de la rive.

Ils purent achever la destruction du radeau sans danger; les
balles des fusils des négriers s'égaraient autour d'eux, n'ayant
point de lieu de mire. Couba avait fait étendre ses hommes à
terre. Les membrures du radeau disloqué commencèrent à s'é-
loigner de la rive et à entrer dans le courant, qui les emporta.

Satisfait de son expédition, Couba laissa quelques hommes en
observation, et revint au retranchement où une heureuse nouvelle l'attendait; le second trois-mâts, signalé depuis le matin,
approchait rapidement secondé par le vent du nord-ouest qui
souffle ordinairement dans ces parages; la joie était générale.
Ils allaient se trouver réunis avec le reste de leurs frères du fort
Tomburg, et se voir en état de se maintenir contre toute attaque...

A la marée montante, le navire, vers lequel on avait envoyé
une chaloupe, franchit la barre et remontant le chenal, vint
s'assurer à côté de ceux qui se trouvaient dans la crique.

Après une longue séparation, les Européens se livrent au
bonheur de se revoir, mais cette joie est contenue dans des
bornes. Celle des noirs ne peut l'être; leur joie est un véritable
délire; ils sautent, ils rient, ils crient; ils se livrent à des
transports qui surprennent toujours ceux qui ne connaissent ni
leurs mœurs ni leur caractère. Le retranchement était plein de
cris, d'exclamations entremêlées de rires bruyants, comme les
nègres seuls en peuvent faire entendre. C'était une confusion,
un tumulte indescriptibles.

On ne songea point au déchargement du navire; la joie, le
bonheur bruyant s'emparait du temps. Chacun des nouveaux
arrivés trouva une case, des mets, de la bière, du vin de palmier : Couba, heureux comme les autres, mit à contribution le
vin trouvé dans le navire négrier. Ce soir-là, et l'on peut dire
presque toute la nuit, la population du fort fut joyeuse, heureuse
et bourdonna comme une ruche d'abeilles qui se préparent à
émigrer.

Les négriers n'étaient pas aussi joyeux sur l'autre rive; la destruction de leur radeau, et la justesse du tir leur firent comprendre que leurs adversaires n'étaient pas à mépriser. Sans

navire, où se trouvaient leurs marchandises de traite, ils ne pouvaient solder les esclaves que des marchands de l'intérieur allaient leur amener. Ces hommes endurcis, la plupart mal famés, et ayant de fâcheux antécédents, se livrèrent à d'affreux emportements, mais la réalité était là, leur démontrant leur impuissance; à la fureur succéda l'abattement. De quel côté allaient-ils se tourner? après vingt projets, dont le succès leur paraissait impossible, ils s'arrêtèrent à celui de remonter la côte, d'atteindre un des établissements des Portugais, où ils se présenteraient comme des gens échappés au naufrage, et de profiter du premier navire pour retourner à Cuba. Ils avaient des armes, des munitions et encore des vivres; ce projet était exécutable, mais l'insalubrité du climat, si funeste aux blancs, sévissait contre une bonne partie de leurs gens. Comment emporter des malades dans un voyage qui pouvait être long, mais qui certainement serait pénible?... Ils prirent le cruel parti de les abandonner et de s'éloigner avant l'arrivée des marchands d'esclaves; dès la nuit suivante, ils gagnèrent les bords de la mer, laissant une trentaine de malades dans leur campement. Ceux-ci se voyant abandonnés, se livrèrent au désespoir; leurs cris lamentables furent entendus des noirs laissés en observation par Couba. Un d'eux vint l'en avertir. Monté sur une des barques il se rendit dans la crique; à la vue de cette embarcation, les malheureux delaissés se traînèrent sur la rive, et par leurs gestes et leurs lamentations implorèrent sa protection. Le cœur de Couba respirait l'humanité, mais les blancs lui étaient si suspects qu'il n'osait se livrer à ce bon sentiment.

Il avait amené avec lui un des négriers pris sur le navire; il le mit à terre, en le chargeant de reconnaître l'état des choses. Le rapport qu'il en reçut l'émut profondément; sans balancer il aborda et examina par lui-même. Il avait appris en Amérique que le temps est de l'argent, il fit aussitôt transporter les malades sur l'autre rive, où ils seraient plus à l'abri de la colère des marchands d'esclaves, qui seraient infailliblement irrités d'avoir amené de plus de soixante milles, et avec de grandes dépenses et de grands dangers, les esclaves qu'ils ne pourraient plus vendre. Il ne voulait pas les admettre dans le centre de la colonie, où ils pourraient propager la maladie et devenir une cause de ruine.

Le père Lauriol alla les visiter, leur porter des secours et des consolations; il conseilla de les établir à environ un mille du retranchement, dans un massif d'arbres que l'incendie n'avait point atteint. Là, les secours et les soins leur seraient plus facilement prodigués.

Le jour suivant, on reconnut que ce transport avait été exécuté à temps; du haut du rocher qui dominait le campement, on découvrit, descendant les hauteurs de l'intérieur des terres, de longues files de noirs qui se dirigeaient vers le fleuve. N'ayant rien trouvé dans le retranchement, ils descendirent et s'arrêtèrent à la vue des navires.

— Les négriers ont apporté des marchandises pour acheter des esclaves, dit Couba; eh bien! ces marchandises vont servir à rendre des hommes libres. Qu'on charge toutes celles qui sont dans leur navire, sur les barques, et passons sur l'autre rive!

Quand les marchands d'esclaves virent les barques à flot, ils s'avancèrent sur le bord du fleuve; mais, en ne voyant que des noirs dans les barques, ils montrèrent de l'incertitude, en reculant dans les terres jusqu'au lieu où les esclaves se trouvaient rassemblés. Un des compagnons de Couba, qui avait été vendu sur cette côte, sauta à terre, et alla rassurer les marchands.

Bref, la vente commença comme dans les marchés ordinaires, avec cette différence cependant que Couba ne fit ni palper ni marcher les esclaves mis en vente. Après avoir compté le nombre qui appartenait à chaque marchand, il fixa le prix, étala les marchandises, évitant tout débat avec les marchands. Le marché fut bientôt terminé; toute l'eau-de-vie des négriers fut livrée, ainsi qu'une partie des marchandises, et cent dix-sept noirs, tant hommes que femmes et enfants, devinrent la propriété de Couba. Aussitôt il fit briser leurs fers par ceux de ses compagnons qui étaient nés sur cette côte, les informant que s'il les transportait sur ses barques, c'était, non pour les embarquer et les transporter loin de leur pays, mais pour les établir autour de son établissement.

Les pauvres noirs, abattus par le désespoir, fatigués d'une longue route qu'ils venaient de faire attachés à une chaîne de fer, ne purent ajouter d'abord foi à leur délivrance; mais lorsque leurs compatriotes, compagnons de Couba, leur eurent enfin persuadé qu'ils n'étaient plus esclaves, qu'ils ne le deviendraient plus, ils se mirent à pousser de tels cris de joie, à prendre des postures si étranges, à sauter, gambader avec tant de transports, qu'on n'eût pas entendu le bruit du tonnerre. Les marchands effrayés de les voir débarrassés de leurs fers, s'calmirent épouvantés, redoutant leur vengeance. Mais les pauvres noirs n'y songeaient point, ils se voyaient délivrés de leurs fers. Ils resteraient dans leur patrie et ne seraient pas mangés par les blancs, car c'est un préjugé répandu sur toute la côte d'Afrique, que les blancs n'achètent et ne transportent les esclaves dans leur pays que pour les manger.

Tom et Job assistaient à cette délivrance de tant de leurs frères, et ne se possédaient pas de joie. Tout-à-coup Job découvrit un vieux marchand d'esclaves qui, moins alerte que les autres, se trouvait le dernier des fuyards. Semblable à la panthère, le grand Job bondit vers lui, l'atteignit, et de sa seule main, le prenant par la nuque, il l'enleva de terre, le jeta sur son épaule et revint vers les siens étonnés de cette action.

— Couba, où est Couba? cria-t-il d'une voix tonnante...

Celui-ci accourut; Job parut se calmer.

— Ecoute, Couba, lui dit-il, écoute la voix de Job, ce qu'il a à te dire, et prononce entre nous. Le marchand venait d'être déposé à terre devant Job.

— Parle, oncle Job, dit Couba étonné.

— J'étais jeune, plus jeune que toi, Couba, je gardais les troupeaux de mon père, lorsque cet homme (il lui lança un regard terrible) m'assaillit, avec trois autres hommes. Surpris, je fus terrassé, bâillonné, enchaîné et emmené à coups de fouet vers la côte. Là ce vieux scélérat, cet infâme voleur d'hommes, me vendit à des blancs qui me transportèrent en Amérique... Je le tiens, Couba, je le tiens; que dois-je lui faire? Tu es juste, Couba, parle et je ferai ce que tu commanderas.

Couba connaissait Job; il savait que sa colère était comme le nuage qui passe sous un ciel pur, il parut donc encore écouter, même après que Job eut cessé de parler. Ce silence impatienta Job, dont la tête était exaltée.

— Mais enfin, Couba, tu m'as entendu, tu sais ce que ce misérable m'a fait : dis, Couba, dis-moi, que mérite celui qui a volé un jeune homme, comme je l'étais alors; qui l'a vendu comme esclave... Couba, dis-moi ce qu'il mérite, toi qui es aussi savant qu'un blanc?

— Mon oncle Job, répondit Couba, si tu vois en moi un nègre comme ceux que nous avons sous les yeux, je te répondrai que tu dois faire à cet homme ce qu'il t'a fait : si tu vois au contraire un homme plus instruit, un chrétien, mon oncle Job, tu te rappelleras que le père Lauriol nous a toujours dit qu'il fallait pardonner à ses ennemis. Lequel des deux hommes veux-tu que je sois ?

Job parut tomber des nues : il porta ses regards sur son prisonnier, puis sur Couba. Évidemment un combat se passait sous son crâne épais ; le bon sentiment l'emporta. Il repoussa de la main le vieux marchand d'esclaves, en lui disant :

— Va donc en liberté, Couba vaut mieux que moi, il est aussi savant qu'un blanc. Va-t'en donc...

Ce dénoûment, Couba l'avait prévu : il prit à part le marchand d'esclaves et lui dit :

— Vous échangez des hommes contre des marchandises et de l'eau-de-vie : allez dire aux noirs de l'intérieur des terres qu'ils trouveront sur la côte tout ce qu'ils peuvent désirer ; dites-leur surtout que nous leur achèterons toutes les marchandises qu'ils ont à vendre, et que nous ne les tromperons jamais.

Après cela, il lui fit rendre ce qui lui appartenait, et le congédia heureux d'être sorti sain et sauf de la terrible étreinte du grand Job. Il fit plus, il envoya avec les marchands d'esclaves des hommes dévoués et intelligents, pour nouer des relations commerciales avec l'intérieur du pays, et faire connaître les intentions de la colonie qui s'établissait sur la côte, dans l'intérêt de la race noire, qui se trouvait toujours exploitée par les blancs. Il espérait, en agissant ainsi, attirer à la colonie tout le commerce intérieur et diminuer le trafic inhumain des noirs.

De retour à l'établissement, il fallut distribuer les esclaves parmi les familles des noirs, de manière qu'ils devinssent utiles et qu'ils pussent eux-mêmes se civiliser un peu.

Le père Lauriol était chargé de ce soin intérieur, et il s'en acquittait avec autant d'intelligence que de zèle.

L'incendie avait dévoré une grande lisière de bois autour de l'établissement, ce fut là, à peu de distance du retranchement, qu'il fit élever les cases des esclaves affranchis. Il dissémina parmi eux des anciens noirs, déjà civilisés au fort Tomburg, et leur donna un titre d'autorité qui les mit à même de diriger les hommes ignorants qu'ils avaient sous leurs ordres. La plaine immense qui s'étendait à la droite était ce que les nègres nomment karros, c'est-à-dire un sol sablonneux et entièrement stéîle. Il conseilla à Couba de la rendre plus fertile en faisant, à trois milles au-dessus, une forte coupure qui permît d'y amener les eaux du fleuve, et d'arroser ces terres stériles faute d'eau.

Couba était trop intelligent pour ne pas comprendre les avantages de cette opération : il se mit à l'œuvre, et quinze jours après, par le travail peu fatigant des noirs qu'il avait délivrés de l'esclavage, un canal de plus de vingt milles, peu profond, prenait les eaux du fleuve à plusieurs milles au-dessus du retranchement, et les amenait sur le karros, qui s'abreuvait pour la première fois d'autres eaux que de celles des pluies. Sous une température ardente, les graines desséchées par la chaleur du soleil se développèrent d'une manière prodigieuse, et cette plaine aride se couvrit de fleurs et de verdure. On put la labourer et y semer du froment, du sorgho et du maïs.

Les eaux qui allaient se perdre au loin, dans des bas-fonds, servirent à l'établissement de rizières qui rendirent des récoltes presque merveilleuses. Les arbres fruitiers du pays furent transplantés dans les expositions convenables, et ceux qu'ils avaient apportés d'Amérique furent confiés à la terre, là où le sol et l'exposition parurent leur être favorables. Des ateliers de travail furent aussi établis, et tous les bras se trouvèrent utilisés sans fatigue et sans contrainte.

Il fallait occuper tous ces bras, les façonner à un travail régulier et raisonné; les noirs du fort Tomburg devinrent très utiles; leurs conseils, leur exemple agissaient sur leurs frères noirs, qui se trouvaient heureux d'imiter d'autres noirs dont ils sentaient la supériorité. Il y avait donc émulation dans le travail et résultats bien supérieurs à ceux que l'on obtient des esclaves le fouet à la main.

Couba et le père Lauriol, pour assurer la prospérité de la colonie, établirent des écoles où tous les jeunes noirs seraient élevés et instruits. Les enfants des compagnons de Couba savaient tous lire et écrire, il les distribua dans les deux établissements du retranchement; chacun d'eux eut à instruire un certain nombre d'enfants, et une récompense fut instituée pour ceux qui s'en acquitteraient le mieux.

En Europe, on donne une croix d'argent à ceux qui, dans les différentes carrières sociales, ont le plus rendu de services. Ils donnèrent pour toute récompense, sur la côte de la sauvage Afrique, à ceux qui instruisaient le mieux les enfants,

un liseré rouge, au haut de leur tunique ; et ils en
étaient plus fiers que de la croix d'argent ; il est vrai qu'ils fa-
çonnaient des hommes et n'en détruisaient pas.

Les nègres aiment le clinquant : les deux instituteurs profitèrent de cette disposition naturelle pour les porter au bien.
Ceux dont les terres étaient les mieux cultivées, dont les troupeaux prospéraient le mieux, eurent le droit de porter un liseré
de couleur rouge, c'est celle que les noirs affectionnent le plus.
Des distinctions se trouvèrent ainsi établies et fort ambitionnées;
elles coûtaient peu, et produisaient beaucoup.

De cette manière, les deux législateurs, et ils méritaient ce
nom, parvinrent en peu de temps à établir dans la colonie
l'ordre, l'amour du travail, et à fixer le caractère mobile du nègre. Les rapports devinrent bienveillants, la communauté des
intérêts fut comprise, et comme chacun s'en trouvait heureux,
chacun y contribua dans la mesure de ses forces.

Les noirs venus du fort Tomburg étaient très civilisés en compa-
raison de ceux qui sortaient de l'esclavage ; Couba, sous l'inspiration du père Lauriol, s'en servit pour agir sur les derniers
venus, et cette action se trouvait mieux comprise que si elle eût
été exercée par toute autre personne. Au reste, pour donner une
idée de la manière qu'ils employaient auprès de leurs frères les
noirs, nous allons citer un des enseignements qu'ils leur donnaient aux heures de repos, qui se trouvait durant la plus
grande ardeur du jour.

Au centre du retranchement s'élevaient plusieurs arbres con-
servés pour leur ombrage ; les noirs se réunissaient sous leur
ombre, et Tom, qui maniait, comme on le dit ordinairement,
assez bien la parole, leur faisait des récits inspirés par Couba...

«Dieu est le père de tous les hommes, leur disait-il, qu'ils
aient la peau blanche, noire ou rouge ; nous avons, mes amis,
habité un pays où les hommes ont la peau rouge... Qu'ils aient
n'importe quelle couleur de peau, tous les hommes sont les enfants de Dieu, et il a pour tous la même affection s'ils la méritent. Après avoir créé les hommes, il leur dit : Voilà la terre,
cultivez-la; aimez-vous comme des frères, et sous mon œil qui voit
tout. Les blancs obéirent à Dieu, et devinrent bientôt si nombreux et si puissants, qu'ils s'établirent même dans les climats
les plus froids où la terre ne produisait qu'à force de travail.

» Les noirs avaient eu en partage les pays les plus chauds,

les plus riches en productions de la terre ; au lieu d'obéir à
Dieu ils passèrent leur vie à rire, chanter et danser ; puis ils se
séparèrent en petites sociétés, se firent la guerre, et comme ils
étaient paresseux, ils réduisirent les plus faibles en esclavage,
les firent travailler pour eux. Ils restaient toujours dans l'ignorance, tandis que les blancs travaillaient, devenaient savants,
inventaient toutes sortes de métiers et se procuraient un bien-
être inconnu des noirs. Ceux-ci, désireux d'avoir du fer et des
marchandises des blancs, crurent, dans leur ignorance, qu'ils
pouvaient leur vendre leurs esclaves, c'est-à-dire leurs frères ;
puis, lorsqu'ils n'en eurent plus à vendre, ils se firent la guerre
pour s'en procurer.

» Les chefs vendirent leurs subordonnés, le père ses enfants,
le frère son frère ou sa sœur, et ce qu'il y a d'horrible, le fils
vendit souvent son père...

» Pour punir les noirs, Dieu permet qu'ils restent dans leur
ignorance, qu'ils deviennent les esclaves des blancs et qu'ils
endurent tous les maux de l'esclavage... Après un court silence,
il reprit :

» Job et moi, et nos frères qui sont revenus d'au-delà de la
mer avec nous, avons eu le bonheur, ce qui est très rare, mes
amis, d'être achetés par des maîtres humains, qui connaissent
et qui pratiquent la volonté de Dieu : ils nous ont affranchis,
nous avons travaillé pour nous, la richesse nous est arrivée, et
nous voici dans notre patrie, dans une plus grande aisance que
les chefs nègres, libres, élevant des enfants qui le seront comme nous, parce qu'ils travailleront comme nous, et nous n'au-
rons point à craindre de tomber dans l'esclavage, parce que
nous sommes forts de notre union, forts de nos armes et de ce
que nous avons appris chez les blancs. La religion que nous
pratiquons nous a enseigné à aimer nos frères ignorants et malheureux, et à les faire participer à notre bonheur et à notre
liberté.

» Ces enseignements, répétés sous différentes formes, produi-
sirent un changement insensible, mais qui devait porter ses
fruits dans un prochain avenir. Le père Lauriol suivit la marche qu'il avait suivie en Amérique pour civiliser les noirs du
fort Tomburg ; il établit des écoles pour les enfants des deux
sexes, qu'il confiait à des noirs déjà âgés et qu'il dirigeait lui-
même. »

Nous avons anticipé sur les événements pour que le lecteur puisse comprendre l'extension étonnante de cette petite colonie et ce qu'elle put accomplir.

Les deux trois-mâts qui avaient transporté les noirs en Afrique devaient, à leur retour, être chargés des marchandises que l'on peut se procurer sur la côte d'Afrique.

Des hommes furent envoyés dans l'intérieur avec les objets que les nègres convoitent le plus, et chargés de faire savoir que sur la côte venait de s'établir un comptoir où les habitants pourraient échanger leurs marchandises. Les premières tentatives réussirent au-delà de toute espérance, et comme la vente pouvait se faire toute l'année, les marchands affluèrent en peu de temps, et lorsque les vents pemirent la sortie du golfe de Guinée, les deux vaisseaux partirent richement chargés.

Tandis que, par l'intelligence du jeune Couba, l'ordre, le travail amenaient la prospérité dans la colonie, l'orage la menaçait de plusieurs côtés. Les négriers dont ils avaient enlevé le vaisseau et une partie des marchandises étaient parvenus, on ne sait comment, à passer dans l'île du Prince, repaire des négriers qui fréquentent cette partie de la côte d'Afrique. Ils parvinrent à persuader à deux capitaines négriers qu'il y aurait à faire une riche prise en attaquant la colonie naissante; qu'ils y trouveraient un chargement d'esclaves et des marchandises de grande valeur. D'ailleurs n'avaient-ils pas à reprendre ce qui leur avait été enlevé? et, ce qui devait intéresser tous ces trafiquants de chair humaine, si la colonie prenait racine, la traite, dans ces contrées, deviendrait presque nulle et dangereuse.

Ces hommes avides, sans principes, sans aucune vertu sociale, d'ailleurs attachés par l'appât du butin, adoptèrent le projet de faire une expédition contre la colonie, d'en emmener tous les habitants et de s'enrichir en outre de leurs dépouilles. Mais la saison n'était pas favorable : ils avaient beaucoup de malades dans leurs équipages, et quoique les négriers dépossédés pussent les compléter, ils résolurent d'attendre la bonne saison et de tenter de faire parvenir sur la côte quelques hommes intrépides pour explorer l'état de la colonie et indiquer les moyens les plus avantageux pour arriver à leur but.

D'un autre côté, un danger allait les menacer, et celui-là n'était pas moins à redouter. Le vieux marchand d'esclaves que Job avait failli étrangler faisait partie d'une de ces sociétés mysté-

rieuses que l'on trouve en vigueur chez plusieurs nations africaines. Ces associations, semblables à la société véhémique du
moyen-âge, en Europe, comptaient au nombre de leurs membres
les hommes les plus riches et les plus énergiques des contrées
où elles étaient établies.

Leur puissance était supérieure à celle des petits rois et des
chefs des cantons. On les redoutait, parce que leur action mystérieuse frappait toujours impunément ; à la seule déclaration
que la punition venait de la part de la terrible société, chacun
fuyait et laissait commettre le meurtre ou toute autre punition ;
souvent des nations armées les unes contre les autres déposaient
les armes sur le simple ordre de la société.

Ce marchand, quoiqu'il eût dû être satisfait de la justice de
Couba, ne s'en était pas moins retiré le cœur ulcéré et méditant
la vengeance. Une autre cause vint aussi donner du poids à ses
plaintes : plusieurs esclaves s'étaient enfuis et avaient trouvé un
asile dans la colonie.

Dans ses séances secrètes, il fut résolu, par cette société, de
tirer vengeance des noirs de la côte. La punition devant tous les
frapper, les membres de cette association comprirent que leurs
ordres seraient méprisés; ils eurent recours aux grands moyens.
Quelques petits rois tributaires du Dahomey reçurent l'ordre
d'armer leurs sujets, de se réunir et d'aller chasser ou détruire
les noirs de la côte. Tout trafic avec eux fut défendu, et plusieurs
de leurs marchands molestés et pillés. Ce furent ces actes ini-
ques qui sauvèrent la colonie.

En questionnant les esclaves qu'ils avaient affranchis, Couba
apprit l'existence de la société mystérieuse, la terreur qu'elle
entretenait dans le pays, et la puissance formidable dont elle
disposait. Le père Lauriol, de concert avec lui, prit dans l'intérieur des mesures de précaution. Quant à lui, il songea à se
mettre en défense, sans manifester ses craintes, car les noirs
de la colonie tremblaient au seul nom du pourrah (nom donné
à cette société). Tom et Job furent nommés commandants de la
force armée et commencèrent à exercer les derniers arrivés. Les
deux vieux noirs se trouvaient dans leur élément.

Habitués aux ruses des Peaux-Rouges, ils en adoptèrent la
tactique, exercèrent leurs hommes au tir du fusil. Plusieurs
d'entre eux détournaient la tête en tirant. Ils leur firent honte,
les familiarisèrent à faire feu, et, les mêlant avec leurs anciens

3.

compagnons, ils parvinrent à leur donner la solidité que le
conscrit trouve dans les rangs. L'occasion de mettre leur courage à l'épreuve se présenta. La colonie commençait à avoir un
troupeau assez nombreux ; les bêtes féroces que l'incendie sem-
blait avoir éloignées reparurent et enlevèrent quelques pièces
de bétail. Ce furent d'abord les chacals qui se montrèrent, mais
cet animal est lâche, le nègre le sait et le poursuit hardiment ;
ils ne font jamais volte-face à l'assaillant.

A la suite de ces lâches animaux vinrent les panthères, les
hyènes et les lions. La cause de ce retour des bêtes féroces dans
ces parages devait être attribuée aux travaux d'irrigation exé-
cutés sous la direction de Couba. La large prise d'eau qu'il enlevait au fleuve à une grande distance au-dessus de l'établissement, en s'étendant au moyen du canal pratiqué sur la lisière
des forêts, se répandait dans la plaine du karros, où elle créait la
fécondité. Ce sol brûlé, absolument nu, excepté à la saison des
pluies, se trouvant continuellement humecté par les eaux du
canal supérieur, développait une végétation prodigieuse, où
les daims, les cerfs, les antilopes et les autres ruminants des
forêts venaient chercher une abondante pâture. Dans les eaux
du canal, elles trouvaient à se désaltérer sans craindre les crocodiles qui infestaient les rives du fleuve.

Le rendez-vous des animaux qui deviennent ordinairement la
proie des carnassiers y attirait ceux-ci à leur suite ; ainsi les
bêtes féroces reparurent aux alentours du fort.

Couba résolut de leur donner la chasse et de les éloigner une
seconde fois ; elles étaient trop fatales à leurs troupeaux. La
chasse aux bêtes féroces est une véritable guerre, où le courage de l'homme se retrempe en s'habituant aux dangers. Il
choisit vingt d'entre ses nouveaux colons et dix de ses anciens
compagnons d'Amérique, pour faire une chasse en grand dans
les forêts voisines, et partit de grand matin avec une meute
amenée d'Amérique et composée de chiens de forte taille. Job,
armé d'une lourde barre de fer, se chargea de la direction des
chiens, et Tom de celle de la moitié des chasseurs. Couba voulait accoutumer ses gens à tout faire avec ordre et ensemble.
Les chiens tombèrent bientôt sur la piste des chacals et des
hyènes, et donnèrent avec ardeur; plusieurs de ces animaux, dé-
busqués de leurs forts, tombèrent sous les balles des noirs. Ils ne
rencontrèrent ni panthères ni lions, mais grand nombre de

cerfs et d'antilopes, qu'ils abattirent. A la halte du milieu du jour, il fallut se livrer au repos, car quoique poussant leur chasse sous l'ombrage des forêts, ils ressentaient une chaleur si accablante que le repos leur devenait nécessaire.

Ils se trouvaient dans un lieu presque dégarni d'arbres, et formant les premiers plans d'une chaîne de montagnes qui s'étendaient de l'ouest à l'est. Des rochers nus, noircis par le soleil, se dressaient à trois cents pas devant eux, offrant l'image d'un véritable cahos; dans l'espoir de trouver dans leurs crevasses quelques amas d'eau, un des noirs s'avança et s'aventura à travers ces masses séparées les unes des autres : on le vit bientôt courir en donnant des signes de terreur. Il assura avoir découvert l'entrée d'une grotte, où il avait vu deux lionceaux jouer entre eux.

Le lion est, à juste titre, la terreur des noirs; mais les lionceaux prouvaient qu'une famille de lions était établie dans ces rochers; ce ne fut plus de la terreur, mais de l'épouvante. Ils supplièrent leurs chefs de retourner en hâte à l'établissement. C'était surtout aux lions que Couba voulait donner la chasse, mais en voyant l'épouvante de ses compagnons, il comprit qu'il ne pouvait compter que sur Job et Tom, et ce n'étaient pas des forces suffisantes pour attaquer une famille de lions... On fit donc retraite. La peur est contagieuse : au lieu de se rassurer en s'éloignant du repaire des redoutables animaux, les compagnons de Couba s'exagérant le danger, pressèrent d'abord le pas, puis l'accélérèrent si rapidement que Couba, Tom et Job se trouvèrent en arrière. Les chiens parurent aussi partager cette panique, Job ne put garder auprès de lui que deux descendants de son vieux Rumph, encore le suivaient-ils pas à pas, comme s'ils marchaient sous sa protection.

— Croyez-vous, leur demanda Couba, que ces hommes tiendront en présence d'un ennemi?

— Ils se battront comme des enragés, répondit Tom; je leur ai appris le maniement de la carabine, à tirer juste et à se coucher pour recharger; je t'assure Couba, que le cas avenant, tu seras satisfait de mes soldats; mais le lion est un ennemi contre lequel tout est inutile : sa présence, son rugissement glacent d'effroi les plus intrépides. Les gens du pays nous ont raconté des histoires terribles de ces animaux; souvent ils détruisent tout un village.

A l'instant même, les deux chiens hérissèrent leur poil et se réfugiant entre les trois chasseurs, ils poussèrent un long hurlement, la tête tournée vers un buisson d'aloès. Le grand Job aperçut, par-dessus ce buisson, une panthère accroupie et prête à prendre son élan.

— Attention, amis! une panthère!...

Déjà Couba et Tom se trouvaient sur leurs gardes; la panthère rampa, entra dans le buisson pour s'approcher des chasseurs. Les chiens hurlaient d'une manière lamentable.

Les chasseurs prirent, en reculant, de l'espace : le bond de cette bête féroce est le plus à craindre. Un baobab étendait ses longs rameaux au-dessus de leurs têtes, jusqu'à les toucher.

— Attendons-la ici, dit Couba, les rameaux détourneront la direction de son élan; ils prirent position, les yeux fixés sur le buisson. Les tiges s'agitèrent, et la tête de l'animal sortit du couvert : les deux carabines de Tom et de Couba retentirent, et presque au même instant, un corps long décrivit un demi-cercle, tomba sur la branche au-dessus de la tête de Tom, et s'abattit sur lui. Prompt comme l'éclair, le grand Job saisit la panthère par le cou, et avec une force prodigieuse la jeta à trois pas de lui, mais elle tenait Tom entre ses griffes et l'entraîna avec elle. Déjà Couba, le coutelas à la main, le lui enfonçait dans la gorge, quand un coup de la barre de fer de Job, lui brisa l'épine dorsale. L'étreinte qui retenait Tom lâcha prise, il se releva et allait frapper l'animal, quand il le vit se tordant et rugissant dans le râle de l'agonie.

— Etes-vous blessé, mon père? demanda Couba avec anxiété.

— Je le crois, répondit Tom d'une voix haletante. J'ai senti ses dents sur la nuque.

L'inspection du cou fit découvrir une légère blessure, grâce à l'épais foulard qui entourait le cou de Tom.

Ils rentrèrent à l'établissement avec leur panthère, que le grand Job s'était mise en travers sur les épaules; elle avait reçu deux balles dans le cou, mais trop bas pour arrêter une pareille bête féroce. Cette victoire, sur un animal presque aussi redouté que le lion, rendit un peu d'assurance aux autres noirs.

CHAPITRE V.

La famille du lion. — On l'attaque. — Elle est détruite. — Un noir mort
de terreur. — Prévisions du père Lauriol et de Couba. — Progrès des
colons. — Fête des récoltes. — Tom se signale. — Les singes. — Découverte inattendue. — Interruption de la fête. — Les négriers surpris. — Arrivée d'un navire. — Projet de Couba. — Celui des négriers.
— Retour du navire. — Tempête. — Navire brisé.

La nuit qui suivit la chasse dont nous avons parlé dans le
chapitre précédent fut troublée par d'affreux hurlements. Les
nègres sont très superstitieux; ils pensèrent que les lions venaient réclamer quelqu'un des chasseurs, c'était sans doute
celui qui avait découvert leur repaire, et ils furent agités de
terreurs que les fortifications qui les défendaient auraient dû
chasser de leur esprit. Le lendemain, ils montrèrent une poltron-
nerie ridicule. Ils n'osaient pas sortir du retranchement quoiqu'ils sussent bien que le lion, comme tous les animaux de
l'espèce féline, voyait fort mal à la lueur du jour et ne cherchait
sa proie que dans les ténèbres. Couba résolut de mettre un
terme à ces terreurs compromettantes, et de se débarrasser d'un
pareil voisinage. Après s'être fait renseigner sur les mœurs du
lion, il se prépara à aller attaquer la redoutable famille cause
de tant de terreurs et d'inconvénients. Il communiqua son plan
à son père et à Job, qui voulut que son fils, excellent tireur, fût
de la partie; deux de leurs anciens compagnons du fort Tomburg s'offrirent à les accompagner.

Ainsi que nous l'avons dit, la caverne des lions se trouvait
dans les rochers, au voisinage desquels les chasseurs s'étaient
arrêtés. A une portée de fusil de cette caverne s'élevaient les
derniers arbres de la lisière des forêts; Couba façonna cinq tri-
dents aux lames aiguës et tranchantes, remplaça les balles de

quarante cartouches par des lingots coniques de fer, et, armés en outre de larges coutelas, ils se rendirent, durant la plus ardente chaleur du jour, dans le voisinage des rochers, grimpèrent sur les arbres où ils s'établirent en s'y attachant avec des cordes, prirent des positions qui leur permettaient la liberté du mouvement, et quand ces dispositions furent achevées, Tom et Couba firent retentir les airs de bruyantes fanfares. Presque aussitôt, deux petits lionceaux se montrèrent à l'ouverture de la caverne : ils y rentrèrent aussitôt et un rugissement sourd gronda dans l'intérieur ; ils redoublèrent leurs fanfares : alors, une tête énorme, terrible, imposante, s'avança un peu en-dehors de l'ombre. Le soleil était dans tout son éclat, ses rayons tombaient perpendiculairement sur la terre, le lion ne pouvait rien distinguer aux environs, et, averti par l'ouïe très développée chez tous les carnassiers, que le bruit venait d'au-dessus du sol, il bondit hors de la caverne, la crinière hérissée, la langue pendante et les yeux étincelants. Soit qu'il eût découvert les chasseurs, ou deviné leur asile, il dressa sa tête superbe, ouvrit démesurément une gueule armée de longues dents et poussa un rugissement si terrible, si prolongé, qu'on eût cru entendre un roulement de tonnerre. La lionne bondit à son tour à côté de lui, et les deux lionceaux se tinrent derrière eux.

Cette redoutable famille était effrayante et magnifique à voir. Les chasseurs sentirent le frisson pénétrer jusque dans leurs entrailles : Couba, dont le courage naturel était soutenu du courage moral, frissonna comme les autres et cessa de sonner du cor. Plusieurs minutes se passèrent dans un silence plein d'anxiété ; le jeune noir voulait que les chasseurs eussent le temps de se rassurer, afin que le coup d'œil fût plus juste et la main plus ferme.

— Etes-vous en état de tirer? demanda-t-il d'une voix ferme.

A peine la réponse affirmative eut-elle été donnée, qu'il cria :

— Feu !...

Les cinq explosions se suivirent avec une telle rapidité qu'elles n'en firent qu'une seule prolongée.

Jamais pareils rugissements n'avaient été entendus dans ces forêts ; les chasseurs en furent épouvantés. Le lion, la lionne et les lionceaux bondirent à travers les masses de rochers; Couba avait seul conservé assez de sang-froid pour remarquer que la lion s'était plusieurs fois arrêté. Il était donc blessé, la fureur l'empêchait de sentir la douleur de ses blessures; il arriva au pied de l'arbre entouré de sa terrible famille, dressant la tête, il acheva d'épouvanter les chasseurs. Couba sentit un éblouissement couvrir ses yeux, ses compagnons tremblaient, fascinés par les rayons ardents que lançaient les yeux de l'effrayant animal. Sa crinière était hérissée et encadrait sa face formidable; un des noirs poussa un cri et s'évanouit. La prévoyance, qui avait conseillé de s'attacher aux branches avec des cordes, empêcha sa chute; son arme serait tombée à terre, si la bretelle ne se fût accrochée à une branche.

Tandis que Couba se couvrait les yeux de la main gauche pour dissiper son éblouissement, le vieux Job, revenu de sa frayeur, regardait les lions presque avec calme. Il appuya son bras estropié entre deux branches, s'affermit dans sa position, et, brandissant sa pesante barre de fer, il la lança de toute la puissance de sa force sur le lion. Un bout de branche détourna le coup, la barre alla frapper un des lionceaux, dont elle brisa l'épine dorsale; au rugissement plaintif du jeune animal, la lionne se retourna. A la vue de son petit s'agitant sur le sol et se relevant pour retomber, elle comprit son malheur, et en vit l'instrument étendu à terre; furieuse, elle le saisit entre ses formidables mâchoires. Ses dents craquèrent sur le fer; elle le remue, le lance avec la rage du désespoir, puis revenant au lionceau mortellement blessé, elle le souleva dans sa gueule écumante, il retomba à terre avec un rugissement plaintif.

Jusqu'alors la scène avait été effrayante, elle devint telle que les mots manquent pour la peindre. La fureur de la lionne dépassa celle du lion, et jamais oreilles humaines n'ont entendu de pareils rugissements; elle bondissait contre le tronc de l'arbre, se pliait, puis s'enlevait d'un bond qui atteignait les premières branches. Leurs hurlements furent entendus à plusieurs milles; ils roulaient dans les rochers sous les abris de la forêt, on eût dit que tous les démons de l'enfer étaient déchaînés sur la terre.

— Allons, petit, cria Job, un coup de carabine, mon enfant; il faut en finir.

Aucun des chasseurs n'avait pensé à recharger son arme. La puissante voix de Job put à peine se faire entendre, tant les rugissements étaient prolongés et attérants. Couba venait de reprendre un peu de sang-froid, il chargea sa carabine et ajusta la lionne; le lingot de fer la frappa au-dessus de l'oreille ; elle rendit un dernier rugissement et tomba en râlant sur la terre sanglante. La carabine de Tom retentit presque immédiatement, le lion eut les reins brisés ; réveillés par ces deux explosions, le fils de Job et le noir qui avait résisté à ce terrible spectacle tirèrent coup sur coup. L'épouvante était passée, l'odeur de la poudre montait au cerveau des chasseurs ; la famille entière du lion tomba criblée de lingots de fer.

Ces cadavres encore effrayants gisaient depuis longtemps sur la terre ; les chasseurs avaient pu suivre des yeux leurs suprêmes convulsions, cependant ils ne se hâtaient point de descendre de leur asile. Job délia la corde qui le retenait à l'arbre, et courbant la branche sous le poids de son corps, il se laissa glisser à terre, releva sa barre de fer, et alla remuer les cadavres. Tous alors se hâtèrent de descendre, sauf le noir qui s'était évanoui de frayeur ; il fallut le glisser à terre, il ouvrit les yeux, son regard tomba sur le lion, il poussa un cri et expira de terreur.

Quand les chasseurs rentrèrent à l'établissement, ce ne fut pas en triomphe ; ils portèrent le corps inanimé d'un de leurs compagnons, et gardaient un silence lugubre. Ce ne fut que le jour suivant qu'on alla chercher les cadavres des terribles animaux, dont la vue glaça de terreur ceux qui étaient chargés de cette mission.

Le père Lauriol profita de ce malheur pour faire encore comprendre aux habitants de la colonie que la religion suit l'homme au-delà de la vie, et adressa pour lui ses ferventes prières au Dieu de miséricorde.

Dans la cabane qui servait de chapelle, il fit déposer le corps du pauvre noir et récita sur lui les offices des morts. Cette cérémonie impressionna vivement les nouveaux colons, qui n'avaient jamais assisté aux funérailles des chrétiens. A partir de ce jour, ils se montrèrent désireux d'être instruits, et assistèrent avec un recueillement édifiant aux enseignements élémentaires que le bon prêtre avait mis à la portée de leur intelligence, et qui les leur faisait traduire par les noirs qu'il avait instruits en Amérique au fort Tomburg. Les plus instruits communiquaient aux autres leur instruction, et la bonne semence se répandait dans les esprits de ces pauvres noirs ignorants.

Les impressions durent peu chez les nègres; dès le jour suivant la colonie avait repris son train ordinaire de vie, les chasseurs, que la destruction des lions rassurait, se répandirent dans les forêts pour approvisionnier l'établissement; les femmes allèrent à la recherche des fruits, des racines, et faire provision de vin de palmier. Les enfants, sous la surveillance de quelques colons armés, conduisirent les troupeaux dans la riche prairie que l'irrigation avait changée et tirée de son ardente stérilité. La sécurité régnait dans tous les esprits, deux hommes seuls ne la partageaient pas : c'étaient le père Lauriol et Couba.

— Les avanies que l'on a fait subir à nos marchands, le petit nombre de noirs qui fréquentent encore l'établissement, disait Couba, me portent à croire que les princes et les chefs des populations les plus voisines nourrissent contre nous des sentiments peu favorables; et si, d'après les récits de nos frères, nés dans ces contrées, j'ai bien jugé le caractère de leurs habitants, nous devons nous attendre à des actes d'hostilités. Mais nous sommes en force pour les repousser; malheureusement nous serons dans la nécessité de verser le sang de ceux que nous voulons appeler à la civilisation; cela seul me désole.

— Nous ne pouvons agir sur ces pauvres ignorants que par les relations de commerce, ajoutait le père Lauriol, la guerre les interrompra toutes et paralysera nos bonnes intentions. Remettons-nous-en à la volonté de Dieu, qui apprécie nos volontés et nos désirs; soyons toujours prêts à repousser ceux qui viendront en ennemis, et accueillons les gens pacifiques en frères.

La colonie se trouvait donc toujours préparée à la guerre, tout en ayant les apparences de la plus entière sécurité. L'époque des récoltes était venue, tous les bras y furent employés; et, comme l'ordre régnait dans la distribution du travail, il s'exécuta avec autant de promptitude que de soin. Les shorgos, les millets et les premières récoltes en blé d'Amérique se trouvèrent rentrés en temps convenable, livrés en partie aux mains des femmes et des enfants, et la colonie vit ses approvisionnements assurés pour l'année. De bons ouvriers s'étaient formés dans les ateliers établis par Couba, et les femmes et les enfants, employés aux fabriques des tissus, en confectionnaient qui ne le cédaient ni en bonté ni en éclat aux tissus au moyen desquels les négriers tentaient la simple cupidité des noirs. Les acheteurs seuls manquaient, car la colonie regorgeait de marchandises, même de verroteries si enviées des noirs.

Pour élever l'agriculture et le travail dans l'esprit des noirs, qui sont toujours puissamment saisis par les yeux, les deux régulateurs de la colonie avaient organisé une fête et des réjouissances pour célébrer l'époque de la rentrée des récoltes et rendre des actions de grâces à Dieu. Toute la population se trouvait réunie dans un espace planté d'arbres fruitiers, attenant aux fortifications; les noirs aiment le bruit : ils avaient des cornes de bœuf, des conques marines et d'autres instruments et bois qui à eux seuls faisaient plus de bruit que tous les autres. La cérémonie avait trop de solennité pour que Tom ne déployât pas tous ses talents en musique; il s'était établi l'organisateur de la musique et ne s'oublia pas. Tous les instrumentistes vinrent défiler deux à deux après lui, Tom, faisant retentir l'air de ses plus brillantes fanfares. Le petit (le lecteur doit se rappeler que c'était un grand gaillard de près de six pieds), le petit venait après lui, soufflant comme un Eole dans une trompe en bois, à peu près de la forme d'un porte-voix qui serait recourbé, et faisant retentir l'air de mugissements qui pouvaient couvrir ceux des buffles. Job l'accompagnait; s'il n'avait pas montré autant d'aptitude que son ami Tom, pour tirer des sons d'un cor de chasse, il le surpassait en dispositions à faire du bruit; un tambour deux fois plus gros que la plus grosse caisse, pendait à son cou. De sa main entière, il le frappait avec un véritable casse-tête, et du bras mutilé, il faisait entendre à l'extrémité opposée un petit roulement qu'il cadençait de son mieux. L'instrument de musique connu qui ressemblait le plus à celui de Job, c'est un tam-tam portatif. Venaient ensuite les cornes de buffles, les conques, les porte-voix de toutes les grosseurs, de toutes longueurs, qu'accompagnaient les bruits des instruments de cuisine, dont les négrillons tiraient un parti avantageux pour les oreilles africaines. Tom, qui ne voulait pas que les sons harmonieux de son cor perdissent au milieu de ces bruits discordants, avait réglé que la musique aurait des solos, et se les était tous adjugés. Cependant, pour être véridique, il faut ajouter qu'il en avait laissé deux au tam-tam de Job, et un à la trompe marine du petit. L'air était ébranlé comme aux grands jours de l'orage; les singes, animaux d'un naturel très curieux, quoiqu'on n'ait pas encore remarqué en eux de l'attrait pour la musique, accoururent des fonds des forêts aux sons éclatants et mélodieux des fanfares de Tom.

Suspendus aux branches des arbres voisins comme des grappes vivantes dans un mouvement continuel, ils témoignaient leur satisfaction (il faut croire que c'était de la satisfaction) par des contorsions et des grimaces inimitables, entremêlées de cris aigus, de grognements, de piaulements et de bruits auxquels toutes les académies réunies ne sauraient donner de noms convenables, quand, à la fin du solo du chef d'orchestre, le tam-tam de Job et les mugissements de la trompe de son fils retentirent comme des éclats de tonnerre. Singes à queue, singes sans queue, singes à museaux de toutes formes, jusqu'au gentil callitriche à a fourrure verte, saisis d'une terreur panique, s'enfuirent en poussant des cris d'effroi et allèrent faire entendre leurs cris d'épouvante dans les profondeurs silencieuses des forêts d'où ils étaient accourus aux sons mélodieux de Tom, l'Amphion africain. Le concert commença alors à grand orchestre, accompagné de cris de joie, de trépignements, de sauts, de bonds, de tout ce que le corps de l'homme tordu par une joie délirante peut exécuter.

Couba et le père Lauriol quittèrent la place, se bouchant les oreilles jusqu'à ce qu'ils fussent assez éloignés pour ne plus être assourdis. Ils descendirent sur les bords du fleuve et se mirent à l'abri des rayons dévorants du soleil sous un avancement de rochers, d'où leur vue plongeait d'un côté sur les profondeurs mystérieuses de l'Océan, et de l'autre pouvait remonter le cours du fleuve jusqu'au prolongement de rochers qui dérobait à leurs regards le cours supérieur. Depuis plus d'une heure ils étaient dans cette position, gardant tous les deux le silence, et prêtant l'oreille aux retentissements de la fête, quand Couba se leva soudain, prit sa lorgnette et la dirigea vers le haut du fleuve.

— Qu'avez-vous aperçu, Couba? demanda le père Lauriol.

— Voyez, répondit Couba en lui présentant l'instrument qui prolonge la vue.

Le père Lauriol, après avoir scruté dans la même direction que Couba, s'écria :

— Mais c'est une flottille de noirs; ils viennent peut-être en ennemis, Couba.

Ils remontèrent rapidement la pente de la vallée et arrivèrent au milieu du feu et du tonnerre de la fête.

Tom avait oublié qu'il s'était réservé les solos ; il sonnait des fanfares que la musique la plus mal organisée n'eût pas admises ; quant à Job, l'inspiration du bruit le possédait. La tête renversée en arrière, il frappait à coups redoublés le tam-tam mugissant, fermait les yeux, sans doute pour savourer les sons. Le petit, digne émule de son père, les joues gonflées, les yeux ardents, tirait de son monstrueux instrument des sons qui grondaient comme les éclats de la tempête; le reste était à l'avenant.

— Tom, dit Couba en posant la main sur l'épaule de son père, les ennemis approchent.

— Les Peaux-Rouges? demanda Tom, dont le paroxysme musical attérait la mémoire.

— Non, mon père, une armée de peaux noires.

— De peaux noires! dit Tom en laissant tomber ses bras le long de son corps; de peaux noires. Oh! que nous veulent-ils, Couba?

— Détruire l'établissement et nous emmener comme esclaves, non père !

— Ah! ah! eh! que dirait Fritz...

— Holà! Job, holà! écoute... Des peaux noires arrivent pour faire de nous des esclaves.

Le grand Job ouvrit les yeux et regarda son ami.

— Tu parles d'esclaves, Tom, et qu'en dis-tu?

— Je dis qu'une armée de peaux noires s'avance pour détruire l'établissement et nous vendre comme esclaves.

Job fit un bond prodigieux. — Petit! petit! aux carabines; holà! vous autres, prenez vos carabines... Holà! holà! silence partout!...

Pendant que ces choses se passaient, Couba ayant réuni une trentaine de noirs, courait à travers la fête en faisant entendre le cri formidable :

— Aux armes!...

Les avantages d'une bonne organisation ressortirent de cet appel; le tintamare cessa, les hommes se réunirent dans leurs escouades et la population rentra au retranchement en ordre, sauf les négrillons qui ramassaient les instruments jetés à terre au premier cri : Aux armes!

Il arrive quelquefois, après une tempête dont les éclats ont ébranlé les airs, qu'un calme soudain lui succède, et fait un contraste avec la turbulence des éléments. C'est ce qui arriva au fort de la colonie ; il se trouva enveloppé d'un calme profond, et tous les hommes armés furent disposés à recevoir l'ennemi. Des éclaireurs furent lancés vers les forêts, les postes assignés et les canons chargés à mitraille.

Si les assaillants n'avaient été que des noirs, quelques coups de canon et une dizaine de morts les eussent mis en déroute; mais les noirs n'étaient que l'avant-garde des négriers, débarqués sur la côte, décidés à détruire la colonie et à reprendre leur navire. Couba, comprenant qu'il avait à faire à plus forte partie qu'il l'avait cru d'abord, redoubla de précaution et se prépara à une défense énergique.

Le jour même, des nuées de noirs parurent dans la plaine, sans trop s'écarter de la lisière des forêts. Il ne leur envoya pas même un coup de carabine ; il se réservait pour repousser une attaque sérieuse.

Le soir, il établit des gardes avancées, composées des noirs du fort Tomburg. Il y eut des mouvements chez l'ennemi, mais il ne s'avança pas à la portée du canon. Le matin on s'aperçut qu'il avait élevé des retranchements en terre : Couba supposa qu'ils avaient des canons, et que ces remparts devaient servir de batteries. Il fit occuper le sommet du rocher qui dominait le fort, par un poste d'hommes résolus, commandés par Tom, et poster tous les habitants à l'abri de la forte muraille de terre qui s'élevait du côté de la plaine. Des nuées de noirs couvraient les environs du fort, courant, faisant un bruit assourdissant, tandis que les négriers avançaient leurs épaulements en se rapprochant du retranchement. Couba comprit leur tactique et résolut de la déjouer. Deux volées de canon le débarrassèrent des noirs; il prépara une expédition contre les ouvrages des négriers.

Dans ces contrées, la chaleur du milieu du jour est tellement accablante que les naturels eux-mêmes cherchent un abri et le sommeil ; les négriers devaient être écrasés à cette heure de la journée et livrés au sommeil sous la protection de quelques sentinelles. A la tête de cent vingt-cinq hommes choisis, Couba s'élança sur les travaux des ennemis, à l'instant où le soleil était le plus dévorant, tua les sentinelles, entra dans les travaux et fit main-basse sur les dormeurs. Il rentra avec six pièces de canon, après avoir tué une partie des négriers; sans laisser à l'ennemi le temps de se reconnaître, il sortit avec tout son monde une seconde fois, tomba sur les négriers réfugiés dans les forêts et les poursuivit activement jusqu'à la nuit, qui les déroba aux balles de ses hommes, que le succès animait de plus en plus. Leurs ouvrages en terre furent rasés, et la plaine si complètement nettoyée des ennemis, qu'au lever du soleil elle se montra déserte. Des oiseaux de proie s'étaient abattus sur les cadavres et en faisaient curée.

Une bonne fortune ne vient pas seule, dit le proverbe : le jour même, un navire signalé en mer entra à la marée montante dans le fleuve ; il était envoyé par Fritz Douville et amenait quatre-vingts noirs à la colonie et de nouvelles provisions, avec force marchandises ; les négriers n'avaient pu arriver à la côte sans navires, Couba résolut de sortir en mer et de rechercher ces navires. Profitant du vaisseau expédié par Fritz, il l'arma, lui donna un nombreux équipage et gagna la mer.

La défaite des négriers le rassurait du côté du fort, qu'il laissait à la garde de son père conseillé par le père Lauriol, dont il appréciait l'intelligence.

Contrarié par les vents du sud-ouest, le navire ne put s'éloigner de la côte, ce fut le salut de la colonie. Environ cent négriers avaient échappé au coup de main hardi de Couba ; du lieu où ils s'étaient réfugiés ils avaient vu la sortie du navire, et le nombre de noirs qui le montaient. Gens habitués aux coups de main, ils avaient deviné l'intention de Couba et espéré en tirer parti. Réunissant les noirs dispersés et se formant un nouveau plan, ils résolurent d'emporter l'établissement par surprise. C'était leur seule espérance de salut ; si ce coup de main était heureux, ils retrouvaient dans la crique leur navire, et dans l'établissement de quoi l'armer et l'approvisionner. Ils comptaient encore sur les esclaves qu'ils prendraient. Le coup de main de Couba les avait dispersés, leur avait fait subir des pertes en hommes, mais non découragés. Ils comptaient sans la vigilance de Tom et la prévoyance du père Lauriol.

Dès qu'ils virent le navire hors du chenal et s'efforçant de gagner la haute mer, ils préparèrent une nouvelle expédition. Les noirs qui faisaient partie de l'association du pourrah furent réunis ; des négriers leur représentèrent que, si leur tentative avait échoué, c'est que les noirs qui leur obéissaient s'étaient lâchement enfuis, et qu'il fallait effacer cette honte. Des messagers coururent donc dans tous les pays voisins, et au nom de l'association redoutée, rassemblèrent tous les hommes valides, les amenèrent au campement des négriers, où toutes les mesures furent prises pour assurer le succès d'une seconde attaque. La multitude de noirs s'élevait à plusieurs milliers d'hommes, et les négriers, cette fois, s'en firent donner le commandement.

Cependant le navire parti pour aller donner la chasse aux négriers, contrarié par les vents du sud-ouest, ne pouvait s'éloigner de la côte. Le capitaine se montrait soucieux; il avait fréquenté ces mers et il lisait dans le ciel les approches d'un de ces orages terribles, si fréquents dans les contrées intertropicales. Il déclara à Couba que le seul moyen de se préserver d'une entière destruction, puisqu'il leur devenait impossible de gagner la haute mer, était de rentrer dans le fleuve, où ils trouveraient un abri dans la crique que les rochers protégeaient contre les vents du sud-ouest. La barre du gouvernail fut changée, et le navire, obéissant aux vents, revint avec rapidité jusqu'à l'embouchure du chenal et attendit la marée pour la remonter.

Les gens de la colonie n'avaient point aperçu cette manœuvre; les nouvelles apportées par leurs chasseurs occupaient trop les esprits. Les chasseurs, qui avaient remonté le cours du fleuve à une grande distance, étaient presque tombés dans un gros parti de noirs qui travaillaient à la construction de nombreux radeaux. Parmi eux, ils avaient pu distinguer des blancs qui dirigeaient les travaux, et bien au-delà, à l'entrée d'un karros, ils avaient aperçu une multitude de noirs qui semblaient très occupés.

Tous ces préparatifs ne pouvaient avoir pour but qu'une attaque contre le fort. On y était d'autant plus effrayé que l'élite de la population était embarquée et que Couba, l'âme active de cette population, se trouvait absent. Cependant tous s'y préparèrent à une défense énergique, et le père Lauriol ne crut pas manquer à son devoir en éclairant de ses conseils la population qui lui avait été confiée par Couba et qu'il devait protéger contre des barbares conduits par des brigands comme les négriers.

La journée se trouvait fort avancée, lorsque le ciel se couvrit d'un immense voile de nuages et la chaleur devint si accablante qu'elle énervait les corps des noirs, tous enfants de l'Afrique; cependant Tom se trouvait écrasé, sans force, haletant; quoique noir, il n'était pas encore acclimaté; Tom avait reçu le jour en Amérique. Le grand Job supportait mieux la chaleur, visitait les fortifications et donnait des conseils aux noirs tout récemment arrivés du Nouveau-Monde.

Sa surveillance le conduisit jusqu'au sommet du rocher qui protégeait la crique ; en jetant les yeux vers la mer que les premières rafales du vent commençaient à bouleverser, il fut tout surpris de découvrir le navire qu'il croyait déjà éloigné, à l'entrée du chenal. Descendant avec précipitation il courut annoncer cette nouvelle au commandant par intérim de la force armée à Tom. Celui-ci la transmit aussitôt au père Lauriol.

— Dieu nous protége, s'écria ce brave prêtre, oui, il nous protége visiblement, et malgré la chaleur, malgré les menaces de l'orage, il courut au haut du rocher.

Mais il ne put s'y maintenir, la violence du vent s'était tellement accrue qu'il eût été infailliblement emporté s'il ne fût redescendu. Cependant il avait pu reconnaître le navire qui entrait dans le chenal au risque de s'ensabler. La voix puissante du tonnerre roula des profondeurs du ciel sur les vagues tumultueuses de l'Océan, et des rafales de vent d'une violence inouïe poussèrent vers l'intérieur des terres des marées de nuages d'un rouge sombre. L'orage s'annonçait d'une manière si effrayante qu'ils tremblèrent tous en songeant que leurs compagnons y étaient exposés. Tout-à-coup les ténèbres voilèrent la clarté du ciel; des éclairs répétés les sillonnèrent, et les roulements solennels des tonnerres se succédèrent avec rapidité. Au milieu de ces éclats, un sifflement aigu s'entendit du côté de l'Océan et une trombe, courant avec la vélocité de l'oiseau, se lança dans la vallé du fleuve, enleva le navire et le lança sur la rive au-dessus de la crique ; un immense craquement se fit entendre, la coque du navire était déformée, les mâts abattus et dispersés sur le fleuve et sur la rive ; par un bonheur incompréhensible, pas un seul homme ne fut tué, mais tous éprouvèrent une secousse si terrible qu'ils crurent toucher à leurs derniers moments. Le vent soufflait d'une manière si terrible qu'il était impossible de sortir du retranchement, dont toutes les cabanes se trouvaient bouleversées. Enfin des torrents de pluie vinrent amortir la violence des vents, et on put aller du fort au navire. Celui-ci se trouvait si profondément ancré dans le sol, que le vent ne pouvait plus le mouvoir. On put se reconnaître, et les secours arrivèrent

CHAPITRE VI.

Les négriers du fort. — Rapport des éclaireurs. — Embuscade tendue
aux négriers. — Ils se rendent à composition. — Générosité de Couba.
— Entrevue avec les chefs nègres. — Ils acceptent l'invitation du jeune
noir. — Alliance. — Extension de la colonie et du commerce. — Rachat des esclaves.

Lorsque les négriers, après la perte de leur navire, s'étaient
trouvés dans la nécessité de gagner la côte et d'y chercher un
établissement des blancs afin d'y trouver la possibilité de retourner à Cuba, ils avaient laissé un assez grand nombre de
malades qu'ils ne pouvaient emmener avec eux; ces malades,
recueillis par la population du fort et soignés avec la plus tou-
chante humanité, avaient cependant presque tous succombé à
la maladie, sept seuls survivaient. Admis dans l'établissement,
ils s'étaient vus contraints de prendre part aux travaux nécessaires. Il eût été de mauvais exemple que des hommes devenus
valides restassent désœuvrés au milieu des gens qui se livraient
à des travaux continuels; ce genre de vie ne pouvait convenir à
des hommes habitués à mener une existence de flibustiers, aussi
songèrent-ils à l'abandonner dès qu'ils apprirent que leurs anciens compagnons avaient reparu sur le continent; mais ces misérables, dont la traite avait étouffé la conscience et fermé le
cœur à la reconnaissance, ne voulaient pas s'enfuir les mains
vides. Profitant des premiers jours de l'éloignement du navire,
sur lequel Couba et ses compagnons s'étaient embarqués, et
trompant la sécurité de Tom, ils s'étaient rendus nuitamment
à leur navire capturé, en avaient enlevé tout ce qui leur était
tombé sous la main. La petite chaloupe, descendue à la mer,

Les Esclaves affranchis.   4 avait reçu leur butin, et ils avaient remonté le fleuve à force de rames, et gagné la partie du rivage où leurs camarades les avaient abandonnés précédemment. Débarquant leur butin, ils le cachèrent dans des troncs de baobabs et allèrent ensuite rejoindre les rassemblements des noirs ou se trouvaient leurs anciens compagnons. Ils leur firent connaître le petit nombre d'hommes laissés à l'établissement et les moyens les plus propres à l'enlever d'un coup de main inattendu.

Il devait s'exécuter la nuit même au commencement de laquelle éclata la tempête. L'établissement surpris serait pillé ; les marchandises partagées avec les chefs nègres, et tous les habitants du fort embarqués pour être vendus comme esclaves à Cuba. Leurs compagnons leur avaient assuré que le navire n'aurait besoin que de faibles réparations et qu'ils trouveraient dans l'établissement tout ce qu'il faudrait pour l'approvisionner et l'armer.

La tempête fit échouer ce plan ; tous leurs radeaux furent enlevés et brisés ; une marche par terre était impossible. L'exécution fut donc remise à la nuit suivante, si l'état du temps le permettait. Ils ignoraient le retour de Couba et de ses compagnons : ainsi, au lieu de surprendre une faible population, ils allaient avoir affaire, non-seulement à tous les compagnons de Couba, mais encore à tout l'équipage du navire qui s'était retiré dans l'établissement. Le hasard joue un grand rôle dans les affaires humaines, les hommes intelligents seuls savent en profiter.

La chaloupe laissée par les fugitifs, amarrée à la rive, en fut arrachée par le vent, tournée la coque en haut et lancée dans le courant du fleuve. Aperçue par les hommes qui déchargeaient le navire échoué, et repêchée par eux, elle fut reconnue : ce ne fut qu'alors qu'on remarqua l'absence des sept négriers. Le père Lauriol et Couba cherchèrent l'explication de ce fait et arrivèrent à cette conclusion :

Les négriers se sont emparés de la chaloupe pour aller rejoindre leurs compagnons ; tout porte à croire qu'ils ont été submergés, mais pourvu qu'un seul ait pu s'échapper, les renseignements qu'il donnera à ses compagnons peuvent devenir funestes à l'établissement, qu'ils connaissent parfaitement.

A la suite de ce raisonnement, Couba hâta le déchargement du navire et rétablit les dégâts que la tempête avait causés aux fortifications ; ensuite il envoya quelques éclaireurs vers le haut du fleuve, avec ordre de se tenir à couvert, mais de bien reconnaître les mouvements des négriers et de leurs alliés.

Le rapport des éclaireurs était de nature à inspirer les plus vives inquiétudes. Selon l'habitude des noirs, ils exagérèrent, et leur récit donnait à entendre qu'une quantité innombrable d'ennemis allait fondre sur la colonie ; mais ce qui fit le plus d'impression sur la partie de la population arrivée la dernière, c'est qu'il y avait dans cette armée des griots (sorciers, médecins) en grand nombre. Les nègres sont tous superstitieux ; les griots, selon leurs croyances, peuvent jeter des sorts, envoyer toutes sortes de maladies ; ils disposent des puissances occultes de la nature à leur volonté. Couba comprit que des hommes qui avaient de pareilles croyances ne tiendraient pas ferme ; aussi songea-t-il à les détromper ; mais les préjugés sucés avec le lait ne se chassent pas avec des paroles : l'inquiétude entra dans son esprit, car tout en rabattant de beaucoup les récits des éclaireurs, il voyait bien que le nombre des ennemis qui s'approchaient devait être considérable. Il résolut de voir lui-même les choses ; sans se faire accompagner d'un grand nombre d'hommes, il prit cinq des meilleurs tireurs parmi ses anciens compagnons, et le fils de Job, dont l'adresse et le courage étaient à l'épreuve, et remonta le long des bords du fleuve.

— Écoute-moi, Couba, lui dit le fils de Job : on m'a raconté là-bas que les griots étaient sorciers et que les balles s'amortissaient sur leur peau ; j'ai mis trois balles dans ma carabine et j'ai fait une croix sur chacune, je verrai bien si le diable est à la disposition de ces gens-là. Laisse-moi tirer sur le premier qui se trouvera à ma portée, et nous verrons.

— Mon ami, lui dit Couba, la peau des griots est aussi facile à entamer que celle des autres, mais nous n'allons pas à la découverte pour tirer des coups de carabine qui attireraient sur nous des nuées d'ennemis, mais pour nous assurer que les récits de nos gens sont vrais ou faux ; s'il est nécessaire de faire usage de nos armes, j'espère que tu te serviras bravement des tiennes et que tes trois balles porteront.

Ils parlaient ainsi en cheminant avec précaution ; deux noirs les précédaient d'une vingtaine de pas. Comme la nuit était proche, ils s'éloignèrent de la rive, très dangereuse dans les ténèbres. Souvent d'énormes crocodiles sortent des roseaux et vont chercher des proies à une assez grand distance dans les terres.

Quand descendirent les premières ténèbres, ils avaient atteint la chaîne de montagnes qui se prolongeait du sud au nord, et dans laquelle le fleuve avait trouvé une brèche du haut de laquelle il tombait à grand bruit dans un large bassin creusé par les eaux. Au-dessus de cette chute le fleuve s'étendait dans les terres et formait une vaste nappe d'eau parsemée de rochers, d'arbres et de hauts bambous. A leur gauche, et de l'autre côté du fleuve, s'étendait une plaine aride terminée au nord par de hautes montagnes.

Couba put découvrir tout ce tableau à la clarté de la lune, dont l'éclat est très grand dans ces contrées; n'osant pas s'avancer dans une terre marécageuse, il résolut de chercher un abri pour passer la nuit, et gravit jusqu'au sommet de la montagne qui offrait un entassement de rochers. De ce point élevé, son regard embrassait un immense horizon et la partie des environs que lui dérobait auparavant la montagne. A environ trois milles de distance, il vit briller un feu, puis une infinité d'autres; presqu'au même instant ses compagnons en découvrirent une plus grande quantité encore sur la rive droite du fleuve, mais au-dessous de la plaine aride. De ce côté, les ennemis devaient être très nombreux; le nombre des feux l'indiquait de leur côté, ils étaient en nombre inférieur, mais cependant assez grand. Il résolut d'aller reconnaître l'ennemi qui se tenait sur la rive gauche. Après une heure de marche dans le plus profond silence, ils se trouvèrent dans le voisinage des feux, et reconnurent un campement de négriers. Du lieu où il se trouvait, Couba put découvrir une sentinelle qui se promenait lentement à quelque distance du campement. Il remonta vers le nord, se rapprocha des feux et put s'assurer que les hommes qui se trouvaient dans leur centre étaient presque tous blancs; il apprécia leur nombre à environ cent cinquante hommes. Il revint auprès de ses compagnons et ils reprirent rapidement le chemin qui conduisait à l'établissement; Couba voulait faire aussi reconnaître les ennemis qu'il savait campés sur la rive droite, et ne pouvait s'expliquer cette séparation, s'ils étaient réunis dans le but de les attaquer.

Il en eut bientôt l'explication : pour ne pas faire fausse route, ils s'étaient rapprochés du fleuve, et venaient de descendre la partie des montagnes où se trouvait la chute d'eau, lorsqu'ils entendirent une grande rumeur sur l'autre rive, puis des clapotements dans l'eau. Un immense radeau se dirigeait sur leur rive, il était chargé de noirs ; dès qu'il eut atteint le bord, tous les hommes sautèrent à terre et le radeau retourna à la rive droite. Si Couba eût eu assez d'hommes pour les attaquer, il l'eût sans doute fait, mais il ne voulait rien abandonner au hasard. La colonie allait donc être attaquée de deux côtés ; les négriers arriveraient par la plaine, gagneraient, sans être en vue, le prolongement des rochers de la côte et viendraient s'installer sur le point de la montagne qui dominait le fort, et de là cribler de leurs balles les assiégés que l'attaque des nègres occuperait du côté du fleuve et des forêts. C'est ce que la sagacité de Couba comprit, et elle ne le trompait pas : les négriers, sur le rapport de leurs compagnons qui s'étaient enfuis du fort, avaient formé ce plan.

Dès qu'il fut de retour, Couba alla établir un poste de cinquante hommes dans une position favorable sur les rochers : il les munit de grenades et rendit les abords aussi inaccessibles que le temps lui permit de le faire. L'attaque des nègres l'inquiétait peu, il savait que deux ou trois volées de canon suffiraient pour les mettre en fuite; c'était celle des négriers qu'il redoutait. Toutes ces mesures avaient exigé la moitié de la journée ; ce n'était pas sous l'ardeur torréfiante du soleil que les négriers viendraient l'attaquer, aussi Couba ordonna-t-il à ses gens de se livrer au repos; il attendait l'attaque pour la nuit prochaine. Esprit actif et infatigable, il ne put se livrer au repos ; il envisageait sa position sous toutes ses faces et calculait ses chances de succès.

— Les noirs, se dit-il, ne combattent pas la nuit comme les Peaux-Rouges de l'Amérique, mais les blancs profiteront des ténèbres pour venir prendre position sur les rochers. Pourquoi ne les préviendrais-je pas ; ils ne s'attendent point à cette attaque, ils peuvent donc tomber dans une embuscade ? Il connaissait les lieux, son plan fut bientôt arrêté.

Il est nécessaire de donner une description des lieux pour que les faits qui vont s'y passer soient bien compris.

La côte se trouvait hérissée de hauts rochers, presque à pic du côté de la mer ; du côté de la terre c'étaient des blocs entassés séparés les uns des autres et tellement accumulés qu'une personne seule pouvait circuler entre les séparations. Le sol descendait vers l'intérieur : un espace assez étendu et que les eaux du canal ne pouvaient arroser restait aride et entièrement nu, mais parsemé de masses de rochers. La partie la plus éloignée du karros, changée en prairie par les eaux du canal, aboutissait à une espèce d'entonnoir sans issue où le surplus des eaux venait se réunir et formait un véritable marécage couvert de hauts joncs et de jeunes bambous : c'est dans le voisinage de ce marécage que les colons avaient formé des rizières. Pour atteindre les élévations de la côte, il fallait que les négriers longeassent les rizières; leur marche pouvait donc être prévue. Dès qu'ils auraient atteint les rochers, ils ne pourraient s'y avancer que séparément et sans ordre. A un mille environ du poste que Couba avait fait occuper, pour prévenir les négriers, s'étendait un petit plateau enfermé dans les masses de rochers et n'ayant qu'une étroite issue vers le poste occupé par les gens de la colonie. En s'emparant de cette issue, et garnissant d'hommes les élévations environnantes, Couba pouvait détruire les négriers jusqu'au dernier, sans exposer un seul de ses hommes.

Avant la nuit, cent hommes se trouvèrent postés autour de la petite esplanade, dont l'issue était défendue par deux petites pièces de canon. Un poste avancé pouvait découvrir ce qui se passerait au bout de la plaine et devait se replier vers l'esplanade. Après s'être assuré que, du côté du bord du fleuve ne se montrait aucun ennemi, Couba se rendit au lieu de son embuscade et attendit les ennemis.

La nuit était calme, de temps à autre s'élevaient des glapissements et des murmures sans nom, mais aussitôt tout retombait dans un profond silence. Assis sur un rocher, Couba scrutait la plaine; les masses seules de rochers se montraient dans leur immobilité, mais pas un indice n'indiquait la présence de l'homme. Fatigué de cette observation, il s'étendit et ferma les yeux, laissant à ses oreilles le soin de veiller, de percevoir tous les bruits et de lui en indiquer la cause.

Il n'entendait que le même bruit et le souffle léger du vent de la mer qui allait agiter les roseaux et les bambous, puis mourait dans la lisière des forêts. Cependant les astres qui précèdent le lever du jour montaient dans le calme du ciel, et ceux qu'il avait vus sur sa tête se penchaient à l'horizon : mais pas une rumeur n'annonçait l'approche de l'ennemi. Le jeune noir crut s'être trompé dans ses prévisions et songeait à quitter son poste et à retourner à la colonie ; la lune n'éclairait plus, la seule lueur des astres tombait faiblement sur les rochers et ne permettait pas de distinguer les objets dans la plaine. Les ronflements sonores de ses gens prouvaient qu'ils avaient succombé au sommeil ; il allait les réveiller, quand son oreille toujours attentive crut percevoir un bruit distinct des rumeurs ordinaires de la nuit. Son oreille ne l'a point trompé ; c'est le bruit que fait en marchant une nombreuse troupe d'hommes. Des ombres se dessinent sur la pâle blancheur des masses de rochers ; ce sont les noirs du poste avancé qui se replient vers le gros de la troupe ; l'ennemi s'avance, mais avec une sécurité telle qu'il n'étouffe pas le bruit des voix. Le poste noir est éveillé et attend, la carabine à la main. Bientôt on peut distinguer les voix, entendre les paroles ; les obstacles de la rade ont forcé les hommes à s'écarter les uns des autres : enfin, après bien des recherches, ils ont découvert l'étroite ouverture qui conduit à l'esplanade ; les premiers arrivés s'y arrètent et y attendent leurs compagnons arriérés. Leur sécurité était si grande qu'ils se livrèrent à des conversations entrecoupées et firent connaître à Couba que leur intention était de faire une halte, et d'attendre les premières lueurs du jour pour se porter en avant. Plus de cent hommes se trouvaient réunis dans un espace étroit dominé de tous côtés par des masses de rochers, derrière lesquels les hommes de la colonie se trouvaient en embuscade. Pas un seul ne devait s'en échapper.

Le sentiment de l'humanité dominait dans le cœur du jeune noir. En songeant que tant d'hommes pleins de vie allaient passer dans quelques instants à l'état de cadavre, il éprouva un serrement de cœur.

— Non, se dit-il, ils ne périront que s'ils refusent mes conditions, et je ne veux commander le massacre qu'à la dernière extrémité, et après avoir tout tenté pour le prévenir. A Dieu seul appartient de disposer de l'existence de ses créatures !

Il fait aussitôt parvenir un ordre à tous les noirs, et se rend auprès des pièces de canon. La clarté du jour parut tout-à-coup et permit de voir les négriers étendus à côté de leurs armes et presque tous endormis. Alors Couba prit son cor de chasse et fit entendre les sons éclatants de la diane ; aussitôt un grand cri retentit du haut des rochers environnants.

Arrachés au sommeil par ces sons et par ces clameurs, les négriers, comme frappés de stupeur, se dressent debout, portent leurs regards autour d'eux vers le haut des rochers : ils sont bordés de canons de fusils; derrière, à droite et à gauche, le même spectacle s'offre à leurs yeux; mais ce qui acheva de les épouvanter fut la vue des deux canons, dont la bouche d'airain les menaçait, et derrière lesquels les artilleurs se tenaient la mèche allumée.

Couba leur laissa le temps de comprendre leur position, puis il leur cria :

— Déposez les armes, la résistance vous est impossible.

Ils eurent un instant de désespoir furieux, et parurent se disposer à la résistance. La voix de Couba répéta son injonction : ils purent voir les mèches se baisser sur la lumière des canons et entendre le craquement des carabines autour d'eux.

Ils sentirent qu'ils allaient être massacrés jusqu'au dernier ; après un court entretien entre eux, celui qui paraissait le chef s'avança, et demanda à quelles conditions on voulait qu'ils se rendissent.

— Avancez sur ce rocher, répondit Couba; je vous les ferai connaître.

Lorsqu'ils furent en tête-à-tête, car Couba voulut aussi s'avancer seul, il dit au négrier :

— Si vous aviez envoyé réclamer votre navire pour retourner dans votre pays, il vous eût été rendu, quoique les grandes puissances des deux mondes aient proscrit la traite des nègres. Vous venez vers nous en ennemis, nous vous recevons en ennemis. Vous vous rendrez sans condition; mais nous vous prouverons que ceux que vous appelez de misérables esclaves, sont des hommes et dignes d'en porter le nom. Nous ne vous retiendrons ni prisonniers ni esclaves, nous vous rendrons votre navire et les vivres nécessaires pour repasser les mers : nous exigerons de vous le serment de ne plus vous livrer à la traite de nos frères et de les pousser à se faire la guerre pour vous livrer des esclaves en échange de vos marchandises: allez déposer vos armes.

Le chef des négriers ne s'attendait pas à de si douces conditions; aussi se hâta-t-il d'en faire part à ses compagnons.

Couba, toujours prêt à agir, observait leurs mouvements. Ils entourèrent le parlementaire, puis promenèrent encore leurs regards sur le cercle menaçant de canons de carabines et sur les deux pièces de canon, qui pouvaient dès la première volée balayer toute l'esplanade où ils se trouvaient resserrés entre des rochers. Ce second examen de leur position acheva la conviction de leur impuissance ; ils jetèrent leurs armes et se rendirent. Couba les conduisit au milieu de sa troupe, non dans le centre de la colonie, mais dans leur ancien navire, en leur donnant l'assurance qu'ils recevraient toutes les provisions nécessaires jusqu'à leur départ.

Il ne leur fallut pas un long examen pour reconnaître que le navire était en trop mauvais état pour reprendre la mer ; d'ailleurs, à cette époque de l'année, la sortie du golfe de Guinée était presque impossible. Ils demandèrent donc à être transportée sur l'autre rive, d'où ils pourraient retourner au point de la côte où leurs navires se trouvaient ancrés, ce qui leur fut d'autant plus facilement accordé que leur voisinage pouvait devenir inquiétant. Le soir même on les fit passer sur l'autre rive, on leur remit leurs armes et des provisions pour le voyage qu'ils allaient entreprendre ; le lendemain, Couba les vit défiler vers les rochers de la côte : ils voulaient éviter une rencontre avec les noirs de l'intérieur des terres.

Au nombre des prisonniers se trouvaient des noirs qui devaient seconder l'entreprise des négriers et servir de communication avec la multitude entassée sur la rive gauche. Ils furent retenus dans la colonie ; Couba voulut se servir d'eux pour terminer une entreprise dont il ne redoutait plus les suites, mais qui pouvait encore amener une effusion de sang. Il chargea un certain nombre d'entre eux d'aller porter des paroles de paix aux petits rois et aux chefs que les négriers avaient entraînés dans leur entreprise, et leur dit avant leur départ :

— Vous voyez que nous sommes en état de repousser toute attaque : vous savez comment nous avons vaincu les blancs, mieux armés et plus aguerris que vous. Allez dire à vos chefs ce que vous avez vu, et engagez-les à venir s'entretenir avec moi dans la plaine qui nous sépare, je m'y rendrai avec un nombre d'hommes égal à celui qu'ils amèneront avec eux, et j'espère que les hommes de la même race, ayant les mêmes intérêts, pourront s'entendre et vivre en paix.

Il leur donna des présents pour les chefs, et les laissa en liberté. L'intelligent Couba savait combien l'apparence de la force et l'étalage des richesses produisent d'effet sur tous les hommes, mais surtout sur les noirs, qui se laissent plutôt prendre par les yeux que par les paroles. C'est pour cela que, dès que les prisonniers noirs avaient été amenés dans le fort, il avait eu soin de déployer devant eux tous ses moyens de résistance et d'étaler les nombreuses marchandises appropriées aux usages et aux goûts des Africains.

Le récit que firent les messagers aux chefs des nègres produisit un effet magique sur ces natures naïves. Tous les chefs, alléchés par les présents déjà apportés, voulurent se rendre à l'invitation de Couba, et dès le matin du jour suivant une troupe nombreuse déboucha dans la plaine, et envoya les premiers messagers prévenir Couba de son arrivée.

Celui-ci les avait déjà découverts et comptés. Il ne crut pas nécessaire de se rendre parmi eux avec une escorte aussi nombreuse que la leur. Il choisit trente de ses anciens compagnons, fit mettre sous les armes tout son monde afin de repousser, si cela devenait nécessaire, une attaque de la part des noirs; puis, en bon ordre, il se rendit au rendez-vous. Arrivé à cinquante pas de distance, il fit mettre en carré ses gens et s'avança seul jusqu'au milieu de l'espace qui les séparait. Cette manœuvre froide arrêta l'élan des noirs qui tous voulaient s'avancer vers lui.

Après un instant d'entretien entre eux, un seul se détacha du groupe et s'avança vers Couba. C'était un vieillard dont la chevelure laineuse commençait à blanchir. Après les cérémonies en usage dans cette partie de l'Afrique, Couba prit le premier la parole et lui dit :

— Mon père est le fils d'un esclave vendu aux blancs, il y a bien des années; il a obtenu la liberté, et mes autres compagnons ont tous été rachetés. Libres, nous sommes revenus aux pays de nos pères, nous nous sommes établis dans cette contrée déserte et nous y apportons les arts et les connaissances des blancs. Nos relations avec nos frères d'Afrique étaient bonnes et amicales avant que les blancs marchands d'esclaves vinssent les troubler, ils vous ont promis le partage de nos dépouilles et sont venus pour nous les enlever. Ils sont aujourd'hui en fuite, vous le savez; hommes de la même race, pourquoi nous détruirions-nous? Que voulez-vous des blancs en échange de vos frères que vous leur livrez pour leur servir d'esclaves? vous voulez les mar-

chandises des blancs? Nous vous les fournirons, non à une seule
saison de l'année, mais l'année entière, et nous vous appren-
drons à les fabriquer et à vous passer des blancs. Nous vous
achèterons les productions de vos terres et de vos forêts, mais
jamais vos esclaves. Non, jamais, ajouta-t-il en s'animant; mon
Dieu, le créateur de tous les hommes, les aime tous également
sans distinction de couleur; il les appelle tous à une vie heureuse
et paisible, il réprouve l'esclavage parce que tous les hommes
sont ses enfants, et que le frère ne doit pas vendre son frère
comme une bête de somme.

Voilà ce que j'ai à vous dire; si mes paroles sont justes, soyons
amis, vivons en paix, échangeons nos marchandises dans un
intérêt commun, et que les chefs acceptent le festin que je leur
offre dans ma demeure. Si je suis assez malheureux pour trouver des obstacles à la bonne amitié dans vos habitudes et vos
mœurs, je suis assez fort pour ne rien craindre, et assez bien
armé pour me faire respecter.

Allez rapporter mes propositions à vos chefs! S'ils les acceptent, que cinquante d'entre eux viennent demain, je veux les
traiter en frères...

Le vieillard avait écouté Couba avec une singulière attention.
Ce jeune homme si simple, si net dans ses paroles, venait de
produire sur lui une de ces impressions que les hommes supérieurs ne manquent jamais de produire, il regarda encore quelques temps le jeune chef de la colonie, puis il lui dit :

— La paix et l'amitié règneront entre nous!... Demain, nous
irons dans votre habitation.

De retour à la colonie, Couba se prépara à recevoir les chefs
des noirs et à faire sur eux assez d'impression pour qu'ils en-
trassent dans ses vues et devinssent pour lui des auxiliaires de la
civilisation dans ces contrées barbares.

Le père Lauriol subissait les influences du climat, si funestes
à la race blanche; il ne pouvait plus sortir de son habitation :
Couba perdait ainsi son appui, qui lui avait toujours été si avantageux. Il alla le consulter, mais il n'osa fatiguer de ses questions un homme que la maladie avait exténué et qui ne paraissait plus occupé que de son salut éternel. Attristé par cette vue,
il eut besoin de toute la force de son caractère pour se défendre
de l'abattement, mais il put le surmonter et se tint prêt à recevoir les chefs des environs.

Dès que le jour parut, Tom, qui avait été l'organisateur de la musique de la colonie, fit entendre sa fanfare chérie ; elle réunit tous les amateurs de musique admis par Tom, car tous les nègres aiment le bruit : ils le nomment de la musique. Chacun d'eux reçut ses ordres et eut son poste fixé ; Job et le petit figuraient au premier rang. Couba donna ses instructions aux noirs qui devaient se trouver sous les armes, et eut soin de mêler parmi les derniers arrivés à la colonie un certain nombre de ses anciens compagnons du fort Tomburg. Les négrillons qui fréquentaient les écoles dirigées par le père Lauriol eurent aussi leur rôle à jouer et devaient se présenter par divisions d'âge et de savoir : quant aux femmes, la cuisine réclamait leurs soins, elles eurent donc ordre de rester dans l'intérieur du fort, ce qui les contraria singulièrement : si les noirs aiment tout ce qui frappe les yeux, que devait-il en être des femmes !

Dès que la vigie eut signalé l'approche des rois et chefs nègres, la puissante voix du tam-tam de Job appela par ses mugissements les musiciens et donna le signal de la sortie. Le gigantesque instrument du petit se mit à rugir, et tous les habitants tressaillirent de joie : c'étaient leurs gens qui produisaient un pareil bruit.

Couba, revêtu de ses habits les plus éclatants, se mit à la tête des hommes armés qui ne formaient qu'un seul corps, au centre duquel roulaient quatre canons chargés à poudre. Le défilé se fit en bel ordre, et cette troupe bien armée, vêtue d'un habit uniforme, vint s'étaler à deux cents pas du fort, musique en première ligne.

La curiosité avait attiré toute la multitude des nègres ; la plaine en était couverte dans une grande étendue. A la vue d'un appareil armé, si formidable pour ces contrées, les rois et les chefs noirs s'arrêtèrent tout-à-coup. Couba, comprenant la cause de leur hésitation, leur envoya un messager pour les informer que son intention était de les recevoir avec tous les honneurs que les blancs rendent aux personnages élevés en dignité, et qu'il voulait saluer leur arrivée par une décharge d'artillerie et de mousqueterie.

Les ayant ainsi rassurés, il commanda aux musiciens de faire les premiers honneurs. Le cor de Tom retentit, et sonna deux fanfares ; ce n'était pas assez de bruit pour les oreilles africaines, mais quand le tam-tam de Job, quand le puissant instrument du petit, enflé par de vigoureux poumons, poussèrent leurs éclats, les chefs, la masse des noirs s'ébranlèrent comme s'ils eussent été mis en mouvement par un courant électrique. Les autres instruments se mirent de la partie; alors on eût dit que toute cette noire multitude venait d'être électrisée: ce furent des sauts, des bonds, des contorsions et des cris qui ébranlèrent les airs à plusieurs milles à la ronde.

Alors la voix tonnante du canon retentit à son tour; puis une décharge générale de carabines. Quand la foudre serait tombée au milieu de cette masse d'hommes en délire, elle n'eût pas produit un plus puissant effet. Un frémissement de terreur circula dans la foule; les bouches restèrent muettes et tout mouvement fut suspendu.

La musique (qu'on nous pardonne cette expression) recommença son concert, et la troupe se mettant en mouvement s'avança vers les rois et chefs, devant lesquels elle présenta les armes.

L'effet que Couba avait voulu produire venait de pleinement réussir, ce fut presque en tremblant que ces petits roitelets abordèrent Couba : ils étaient encore trop émus pour lui témoigner leur étonnement ou leur satisfaction.

Ce fut escortés par la petite troupe qu'ils firent leur entrée dans le fort, où les diligentes négresses avaient préparé le festin sous les arbres qui s'élevaient au milieu du fort. Il eût été imprudent, voire même impossible, de traiter les deux mille noirs qui se trouvaient hors des retranchements, aussi le soin de leur alimentation fut-il laissé à l'industrie particulière de chacun : il est à croire qu'ils étaient suffisamment approvisionnés. Couba obtint de ses convives tout ce qu'il voulait en obtenir dans l'intérêt de la colonie et des noirs eux-mêmes; mais, en ce qui touchait l'esclavage, il trouva des esprits trop imbus des coutumes et des préjugés pour leur faire partager ses vues libérales. Il comprit qu'il ne pouvait rien obtenir que du temps, et en mettant en jeu les intérêts matériels de ces populations ignorantes et barbares.

Les chefs consentirent à l'établissement d'un comptoir dans leurs villages, promirent leur protection aux facteurs du jeune chef, et en peu de temps il se trouva en relations avec toutes les petites puissances nègres à une grande étendue dans les terres. Il put racheter un grand nombre d'esclaves qu'il distribua, comme colons libres, autour du centre de la colonie; il leur faisait donner des instructions, les encourageait dans leurs travaux et leur procurait de fréquentes réunions au centre de la colonie.

Ainsi, en mettant en contact les noirs qu'il avait déjà à demi civilisés avec ceux dont la colonie faisait l'acquisition, il employait le seul moyen propre à amener peu à peu à la civilisation ces hommes plongés dans l'ignorance la plus abrutissante. En général, le nègre excelle dans l'imitation; il n'invente rien, ne perfectionne rien, mais il imite avec une étonnante facilité. Couba forma des ouvriers pour tous les arts nécessaires, et eut bientôt des ateliers nombreux où se confectionnaient toutes les marchandises qu'affectionnent les nègres; elles étaient transportées dans ses comptoirs et échangées contre les productions du pays, qu'il faisait expédier en Amérique à son protecteur Douville. Quand des marchandises devenaient un objet d'envie pour un nègre riche, et qu'il n'avait pas sous la main les productions suffisantes pour les acquérir, Couba autorisait ses facteurs à racheter la liberté de ses esclaves; ils étaient dirigés vers la colonie où ils se rendaient volontiers, tandis que l'idée d'être vendus aux négriers les jetait dans l'abattement ou le désespoir, car la croyance que les blancs achètent les noirs pour les manger est si enracinée en Afrique, que les esclaves affranchis qui y sont retournés n'ont pu encore la faire cesser.

CHAPITRE VII.

Maladie du père Lauriol. — Ses derniers moments. — Désolation de la colonie. — Esclaves fugitifs. — L'envoyé du grand pourrah. — Terreur des noirs. — Comment il est reçu par Couba. — Colère de Job. — L'envoyé congédié. — Etonnement et enthousiasme des noirs.

Telle était la situation des noirs affranchis, lorsqu'une véritable calamité vint les frapper. Epuisé par ses travaux apostoli-

ques, plus que par les années, le vénérable père Lauriol tomba
sérieusement malade et ne se releva plus. Le climat si funeste
aux blancs lui avait fait ressentir sa fâcheuse influence, dès son
arrivée sur la côte d'Afrique, mais il avait trouvé dans son
amour pour ses semblables une force qui l'avait soutenu jusqu'à ce jour. Dieu trouva que la mission du digne prêtre était
accomplie, il le rappela à lui. Il le comprit, et voulut profiter des
derniers instants qu'il devait passer dans cette vie pour donner
à son jeune ami Couba ses dernières instructions.

— Mon fils, lui dit-il, l'œuvre que vous avez entreprise est
sainte, car elle est selon les lois de Dieu. Vous venez combattre
l'esclavage là où il a sa racine : vous venez vous mettre en lutte
avec des préjugés qui remontent à l'origine des sociétés africaines, et vous avez en outre contre vous l'ignorance de la barbarie : ne perdez point courage ; Dieu sera avec vous, les temps
de sauvagerie vont trouver fin parmi les nations civilisées, et la
Providence, qui appelle tous ses enfants à la liberté pour laquelle ils ont été créés, permettra que vos idées émancipatrices
pénètrent parmi les malheureux ignorants de ces contrées. Ré-
pandez les lumières de la religion ; elle recommande la bonté et
l'amour pour nos semblables sans exception de race. Faites
comprendre aux chefs noirs que ceux qu'ils enlèvent pour les
vendre comme esclaves sont de leur sang, vivent comme eux
des dons de la Providence, qu'ils sont leurs frères... Tâchez de
graver dans leurs cœurs ces saintes paroles du Christ : « Ne fais
pas à autrui ce que tu ne voudrais pas qu'il te fût fait ; » faites-
les-leur comprendre, et peut-être mettront-ils ce précepte en
pratique. Je ne sais si les approches de l'heure où mon âme
quittera sa prison terrestre lui donnent plus de clairvoyance, mais
j'entrevois dans l'avenir des jours de justice et de bonheur pour
les habitants de la terre. Quand je considère cette terre où Dieu
a semé ses dons avec tant de largesse et de libéralité, et que sa
bonté est infinie, j'ai la conviction qu'il a voulu appeler tous les
hommes à la jouissance de ses bienfaits, et que l'espèce humaine
s'avance vers des temps plus prospères où ces paroles de l'Orai-
son dominicale seront accomplies : « Que ta volonté soit faite
sur la terre comme elle l'est au ciel. »

Le jeune noir écoutait dans un religieux silence les conseils
qui sortaient de cette bouche vénérable, que l'homme qui l'avait
éclairé, instruit et soutenu de sa sagesse et de son expérience,

trouvait encore la force de lui donner, quand il touchait à cet instant suprême où l'âme se recueille et se prépare à quitter la vie. De grosses larmes roulaient sur ses joues, et sa poitrine oppressée avait peine à retenir ses sanglots.

— Mon cher Couba, lui dit le mourant, ne me pleurez point; l'âme qui retourne à son Dieu à la fin de son exil est heureuse de rentrer dans sa céleste patrie. Ne me pleurez point, ami, j'ai le pressentiment que je pourrai encore veiller sur vous, vous inspirer de mes conseils. Vous ne serez privé que de cette triste et misérable enveloppe que j'ai reçue de la terre et que je rends à la terre.

Il s'arrêta presque épuisé de forces; puis, par un suprême effort, il s'assit sur sa couche.

— Venez, Couba.

Ses deux mains s'étendirent sur la tête du jeune noir, qui était tombé à genoux près de sa couche. Le mourant, qui un instant recueillait ses forces éteintes, posa les mains sur la tête de Couba. Ses yeux s'illuminèrent d'un éclat surnaturel.

— Dieu de bonté, père de tous les hommes, répands ta sainte bénédiction sur cette créature que je me suis efforcé d'élever vers toi; donne-lui la force et la prudence. Son œuvre est grande et pénible. Qu'un de tes anges veille sur lui, ô mon Dieu!

Ses mains retombèrent, il s'affaissa. Couba, croyant qu'il venait d'expirer, poussa un grand cri et se pencha sur ce visage empreint déjà de la terrible majesté de la mort. Ses lèvres mourantes se remuèrent légèrement, un son faible en sortit, puis ces paroles bien articulées :

— Sois béni, mon fils Couba; tu as horreur de l'effusion du sang de l'homme, car Dieu a dit : Tu ne tueras point. Malheur, malheur à celui qui fait couler le sang humain !

Ce fut son dernier cri, jeté dans son dernier souffle; sa dépouille terrestre n'appartenait plus qu'à la mort.

Longtemps le jeune noir resta comme anéanti, à genoux auprès de cette couche où venait de s'éteindre l'homme qui lui avait servi de providence visible : sa bouche était collée sur la main froide et roidie par le trépas : il ne pleurait plus, mais le serrement de son cœur était tel que, s'il n'eût éclaté en sanglots, il eût expiré; par bonheur Tom son père avait entendu son cri déchirant. Quand il entra, en voyant son fils immobile près de ce corps couvert des ombres de la mort, il souleva son fils, et lui tournant le visage de son côté, il l'appela d'une voix tremblante :

— Couba, Couba ! mon fils Couba !... réponds-moi.

Le jeune noir jeta sur son père un regard morne, puis un torrent de larmes jaillit de ses yeux. Il étendit la main vers la couche, et dit d'une voix entrecoupée de sanglots :

— Nous ne le verrons plus !

La fatale nouvelle se répandit dans la bourgade, et de tous les points, les hommes, les femmes et les enfants accoururent, et les cris et les gémissements remplirent le campement. Tous les travaux furent suspendus, et l'on vit la multitude agenouillée autour de la demeure mortuaire, dans la plus grande consternation. Job rentrait dans le campement, il accourut, fendit la presse, et, s'approchant de la couche mortuaire, il courba son grand corps, posa ses lèvres sur la main pendante et dit :

— Il est retourné vers le bon Dieu ; nous n'étions pas dignes de le posséder plus longtemps !

Ses genoux fléchirent, il tomba à genoux et pleura.

A la vue de la population assemblée, Couba comprit son devoir.

— Mes frères, dit-il, il m'a dit qu'il resterait avec nous, que son âme veillerait sur nous... Consolons-nous !

Hélas ! le son tremblant de sa voix prouvait qu'il avait plus que tout autre besoin de consolation, mais il eut la force de dominer sa douleur et de donner des consolations à ses frères abattus. Le reste de la journée et la nuit entière les noirs se succédèrent pour venir prier, et certes Dieu entendit leurs simples prières : elles partaient du cœur.

Tom fut chargé de tout préparer pour les funérailles ; Couba resta auprès de son protecteur, de son père, dans un silence plein de recueillement et de tristesse. Il s'opéra alors en lui un étrange phénomène que comprendront seuls ceux qui connaissent la force de l'exaltation de l'esprit. C'était au commencement de la nuit, Couba se sentit comme pénétré d'un nouvel esprit : il dressa la tête et crut voir devant lui le père Lauriol qui le regardait avec des yeux pleins d'une douceur infinie. Il lui montra le ciel et disparut. Ses regards se reportèrent sur la couche mortuaire, où le corps de l'homme bon et juste était étendu dans la majesté paisible de la mort.

— Je ne suis point abusé par une illusion, se dit-il. Le corps appartient à la terre, il le laisse à la terre... son âme est remontée vers Dieu.

Il se sentit plus résigné, plus fort. Il avait un protecteur dans un monde meilleur.

Une fosse avait été creusée dans la chapelle, aux pieds de l'autel, et quand l'heure de l'inhumation fut venue, les hommes d'un côté, les femmes de l'autre, se rendirent à la maison mortuaire; le corps, enveloppé des tissus les plus précieux que l'on avait pu trouver, fut transporté, au milieu d'un redoublement de pleurs et de sanglots, dans la chapelle, où, faute de prêtres, Couba essaya de réciter les offices des morts; mais, quand on descendit le corps dans la fosse, sa voix s'éteignit. Il fut emporté évanoui.

Tom présida la cérémonie; chaque noir vint s'agenouiller sur le bord de la fosse et y jeter une pelletée de terre.

Ce jour-là une véritable tristesse régna dans la bourgade; la race noire, si mobile, si oublieuse, parut avoir changé de caractère. C'est que l'homme qu'ils venaient de perdre avait été pour tous un père, un ami. Il ne s'était point imposé par son caractère sacré, mais par sa bonté, par sa douceur et par un dévouement aussi simple que touchant. Quand un noir avait une affliction, il allait trouver le père Lauriol, et il revenait toujours consolé. La bonté qui vient du cœur est comprise par les natures les plus légères, et quoique excessivement mobile, la race noire possède à un plus haut degré qu'on le pense la vertu de la reconnaissance.

Par un sentiment naïf et touchant, les habitants plantèrent devant l'église un jeune cocotier, en disant : Dans cet arbre tout est bon; il nous rappellera l'homme qui fut tout bon pour nous... et ils le nommèrent l'arbre du père Lauriol. Quand une mère voulait blâmer son fils, elle lui disait :

— Prends garde, le père Lauriol te voit.

Ces petits détails nous ont paru nécessaires pour peindre une race d'hommes que nous sommes habitués à regarder comme bien inférieure à la race blanche, et qui l'est en réalité sous beaucoup de rapports, mais qui ne l'est point pour les qualités du cœur.

Quelques jours après l'enterrement du père Lauriol, on signala sur l'autre rive du fleuve un groupe de nègres dont les mouvements extraordinaires excitèrent la curiosité. Armé de sa lunette, Couba put s'assurer qu'ils faisaient des signaux, qu'ils n'avaient aucune arme, et qu'enfin ils employaient tous les moyens imaginables pour attirer l'attention des gens de la bourgade. Il fit mettre une barque à flot, et, suivi de dix hommes armés, il poussa vers l'autre rive. Les nègres firent alors entendre de grands cris de joie et se portèrent avec empressement vers le point où ils supposaient que la barque devait aborder.

Ces malheureux, au nombre de plus de soixante, étaient des esclaves que l'on avait conduits à la côte pour les vendre à des négriers, dont les navires étaient en station dans ces parages depuis plusieurs jours. Ils s'étaient révoltés avant d'être conduits à bord : grand nombre étaient tombés sous les balles des négriers, mais eux, à la faveur de la nuit, avaient gagné une forêt voisine, et, guidés par l'un d'entre eux qui avait été au service de la colonie et que son propre père avait vendu aux négriers, ils s'étaient rendus sur le bord du fleuve dans l'espoir de trouver un asile chez les colons.

Couba les fit promptement transporter à la colonie et les distribua dans les familles, afin de les utiliser et de les mettre en société de gens qui savaient utiliser leur temps.

Le jeune chef noir avait trop d'intelligence pour ne pas comprendre que les négriers feraient des recherches pour retrouver leurs esclaves, et que les traces de ceux-ci les conduiraient sur l'autre rive, d'où ils découvriraient le fort, contre lequel ils feraient encore des tentatives.

Les chasseurs et les hommes disséminés dans la plaine, où ils se livraient aux travaux agricoles, reçurent l'ordre d'accourir au fort au premier coup de canon qu'ils entendraient, et le fort fut visité et mis en état de résister à l'ennemi s'il se présentait. Un homme placé sur la partie la plus élevée des rochers, devait signaler l'approche des négriers dès qu'il les découvrirait sur l'autre rive.

Trois jours entiers se passèrent sans qu'aucun homme fût aperçu sur l'autre rive, et l'on commençait à penser que les négriers avaient perdu la trace des esclaves fugitifs et s'étaient rembarqués.

La sécurité revenait donc parmi la population ; Couba lui-même commençait à la partager sans pourtant cesser sa vigilance.

C'était l'époque où le navire envoyé par Fritz Douville arrivait dans le fleuve à la faveur des vents du nord-ouest, qui poussaient à la côte. L'attention de Couba se trouvait donc tournée vers la haute mer, impatient qu'il était de découvrir une voile à l'horizon. La population préparait les marchandises pour le transport ; cette activité avait presque fait oublier les négriers, lorsqu'un singulier personnage apparut un matin dans la plaine. Sa taille, plus élevée que la taille ordinaire de l'homme, sa grosseur beaucoup plus considérable que la grosseur ordinaire, attirèrent les regards et l'attention de Job, qui le découvrit le premier. Après l'avoir examiné quelque temps, tandis qu'il s'avançait lentement vers le fort, il poussa un cri sourd et courut aussitôt à la demeure de Couba.

— Ah ! Couba... ah ! Couba... un envoyé du pourrah qui vient à la bourgade !

Couba, quoique né en Amérique, connaissait la terrible association du pourrah, sa puissance et la terreur qu'elle inspirait à tous les noirs. Il resta un instant pensif, puis, s'adressant à Job, il lui demanda si d'autres colons que lui l'avaient aperçu.

Job allait lui répondre, lorsque la bourgade retentit de grandes clameurs, et il entendit le bruit de la population qui s'agitait dans le fort. Sortant en hâte, il vit les hommes, les femmes, les enfants, qui fuyaient vers la montagne. Il appela un certain nombre de ses anciens compagnons qui se tenaient autour de la chapelle dans une attitude anxieuse, et les réunit autour de lui.

— Comment, leur dit-il, vous qui ne fuyiez pas devant les terribles Peaux-Rouges, vous trembleriez devant un misérable qui vient à nous hideusement masqué?

— Nous ne tremblons pas, lui répondirent-ils, mais c'est un envoyé du pourrah.

— Eh bien ! mes amis, je vais le recevoir, soyez témoins de ma réception.

Une vingtaine d'autres habitants vinrent se grouper autour de Couba. Il s'avança vers l'entrée de la bourgade et rencontra l'envoyé du pourrah à cette entrée même. A sa vue, il fit arrêter son escorte et considéra cet étrange et terrible envoyé. Sa tête était surmontée d'une espèce de casque droit, en paille de maïs, son visage couvert d'un masque d'écorce percé de trois larges ouvertures ; le corps, environné d'un vêtement qui lui paraissait aussi composé d'écorce d'arbre, paraissait d'une grosseur prodigieuse ; quant aux jambes et aux pieds, il était impossible de ne pas les prendre pour des pieds d'éléphant, tant ils étaient recouverts de paille liée autour.

Couba s'avança vers lui, et l'arrètant au seuil de la porte, il lui adressa cette question d'un ton ferme :

— Que viens-tu faire dans notre bourgade ?

Ces sortes d'émissaires répandent toujours l'épouvante dans les bourgades où ils se montrent et en voient fuir la population. La question ferme de Couba sembla déconcerter l'envoyé du pourrah. Il resta un instant muet; enfin, il tira difficilement du vêtement hideux qui le couvrait une amulette nommée gris-gris, et la présentant à Couba, il enfla sa voix et cria :

— De la part du grand pourrah !

Couba examina l'amulette ; c'était un morceau d'os auquel pendait la queue de je ne sais quel animal.

— Que veux-tu que je fasse de cette bagatelle ? demanda Couba d'un ton ferme.

— Le grand pourrah t'ordonne de m'écouter.

— Je ne connais que Dieu pour maître, répondit fièrement le jeune noir. Cependant je veux bien t'écouter... parle.

L'envoyé étouffait sous son masque ; il l'ôta. C'était un noir dans la force de l'âge ; mais sa figure avait perdu toute assurance.

— Tu as donné asile à des esclaves vendus par notre peuple, je viens les réclamer au nom du grand pourrah. Si tu refuses de me les livrer, je t'apporte la mort.

A peine avait-il prononcé ce dernier mot qu'une espèce de rugissement sortit de la poitrine de Job ; son unique main saisit l'envoyé du pourrah par le cou, et, l'élevant au-dessus de la terre, il lâcha ces mots entrecoupés :

— La mort à Couba... toi... oh ! à Couba la mort... oh! et Job est là !

— Oncle Job, dit Couba, laissez cet homme... Qu'on l'emmène à mon habitation.

La terreur des noirs s'était évanouie. L'envoyé fut conduit à l'habitation de Couba, quoiqu'il fît un peu de résistance, mais on n'eut pas besoin d'employer la force. Couba dit quelques mots à l'oreille de son père et entra avec le messager du pourrah. Job voulut être admis en tiers.

— Ecoute, mon neveu Couba, lui dit-il, on m'a raconté que de pareils messagers assassinaient quelquefois ceux vers lesquels ils étaient envoyés; je veux avoir l'œil ouvert sur celui-ci.

Dès qu'ils furent seuls, Couba dit à l'envoyé :

— J'ai entendu parler de la société du pourrah : je sais qu'elle est redoutable même pour les princes de ces contrées, parce qu'ils veulent bien se soumettre ; mais je ne suis pas prince, je ne suis que le chef avoué de cette bourgade, et ne reconnais point la puissance de votre société secrète.

Le nègre fit un mouvement qui annonçait autant d'étonnement que d'indignation, mais il garda le silence.

Couba continua :

— Les esclaves vendus aux blancs avaient été enlevés à leurs familles par la surprise et la violence, ils ont repris leur liberté en usant d'un droit juste et naturel. Ils ont trouvé parmi nous un asile qui ne sera jamais refusé à tout homme qui aura repris sa liberté. Tu diras aux membres du pourrah que le nègre Couba ne refuse point de renvoyer les esclaves qui voudront retourner auprès de leurs anciens maîtres, et qu'il gardera dans sa bourgade ceux qui voudront volontairement y rester et travailler avec mes frères.

Ce langage, que jamais aucun membre de la terrible société du pourrah n'avait entendu, déconcerta tellement l'envoyé, qu'il resta muet. La surprise peinte dans ses yeux était visible. Alors le bon Job, voulant réparer son acte instinctif de violence, dit à l'envoyé :

— Allons, mon frère noir, tu as compris que mon neveu Couba a raison ; débarrasse-toi de ce ridicule accoutrement, qui ne peut effrayer que les petits enfants et les vieilles femmes, et accepte les mets et les rafraîchissements que je t'offre.

Le messager jeta sur lui un regard de colère et garda le silence.

— C'est bien, dit Job. Refuse, puisque cela te plaît ; mais, quant à moi, je ne voudrais pas faire partie d'une société qui défend de boire et de manger.

Cela dit, le grand Job avala une calebasse de bière et en parut très satisfait. Couba, devenu plus sérieux, observait les mouvements du nègre, et ne le voyant point disposé à parler, il lui dit :

— Je ne veux ni te retenir ni gêner ta liberté : tu peux te retirer vers les tiens.

L'envoyé remit son masque, se leva et sortit. Couba l'arrêta au seuil de la porte et lui dit : — Suis-moi.

Réunis par Tom, les esclaves qui avaient trouvé un asile dans la bourgade étaient rangés sur la petite place, devant la chapelle.

— Que mon frère noir écoute mes questions et les réponses qui leur seront faites.

Puis, élevant la voix, le visage tourné vers les réfugiés, il leur dit :

— Cet homme est envoyé pour vous réclamer. Que ceux qui veulent le suivre passent à gauche ; vous êtes librement ici, non contre votre volonté.

Pas un seul noir ne bougea ; seulement l'étonnement et la crainte se lisaient dans leurs regards.

— Je vous le répète, dit Couba : que ceux d'entre vous qui préfèrent l'esclavage à la liberté suivent cet envoyé du pourrah !

Il y eut un profond silence, mais pas un noir ne quitta son rang. Alors Couba, avec une singulière dignité, se retourna vers l'envoyé et lui dit :

— Va rapporter à ceux qui t'ont envoyé ce que tu as vu et entendu... Job, faites reconduire cet homme hors de la bourgade... Qu'il ne reçoive ni injure ni affront.

Cette recommandation était inutile ; le pourrah inspire aux nègres une telle terreur qu'ils s'étonnaient de l'audace de Couba. De cet étonnement ils passèrent à une admiration enthousiaste, s'emparèrent de Couba et le portèrent en triomphe autour de la chapelle.

CHAPITRE VIII.

Comment on se procure des esclaves. — Facteurs pillés et massacrés. — Expédition contre l'intérieur. — Heureux résultats. — Retour. — Soins donnés à la colonie. — Négriers poursuivis par des navires anglais. — Débarquement d'esclaves. — Tom et Job les délivrent. — Explosion du navire négrier. — Terribles résultats. — Poursuite. — Générosité de Couba. — Il est blessé mortellement. — Sa mort. — Débarquement des Anglais. — Ils prennent possession de la colonie au nom de l'Angleterre. — Vaine tentative d'affranchissement.

La côte du golfe de Guinée est fréquentée tous les ans par de nombreux navires négriers. L'époque de leur arrivée est connue : alors les petits rois, les chefs des populations de l'intérieur s'arment, parcourent le pays et font prisonniers tous les noirs qui n'ont pu se réfugier dans les forêts ou dans les cavités des montagnes ; souvent aussi ils se font la guerre pour se procurer des prisonniers. Ces malheureux, enchaînés, sont conduits au point de station des navires négriers, comme on mène en Europe le bétail aux foires pour le vendre.

Ce sont, ainsi que nous venons de le dire, des prisonniers de guerre ou des hommes enlevés par ruse ou par violence, qui sont conduits, bétail humain, pour être vendus aux négriers. Les esclaves nés chez les particuliers ne sont que rarement soumis à ce sort ; ce serait une honte qui rejaillirait sur la famille entière du vendeur.

Il arrive quelquefois que la terreur qu'inspire l'esclavage au-delà de la mer, — les noirs, nous l'avons dit, sont persuadés que les blancs ne les achètent que pour les manger, — il arrive donc quelquefois que, poussés par le désespoir, les esclaves tentent une entreprise presque impossible ; ils se révoltent avant l'em-

barquement et réussissent à briser leurs fers. Alors ils massa-
crent tous les blancs; mais leur sort n'en est guère meilleur; les
vendeurs les reprennent de nouveau pour les vendre à la première occasion. Le nègre a l'intelligence trop peu développée
pour chercher, par l'association des esclaves qui ont brisé leurs
fers, à former une population assez nombreuse pour résister à
ceux qui viennent ravir leur liberté. Ils retournent dans leurs
familles, où les grands vont les enlever quand le temps de la
traite approche. Cependant, et cette remarque est digne d'attention, chez ces populations ignorantes et barbares, l'esprit de
domination est plus puissant que l'amour de la liberté, assez
fort pour vaincre l'apathie et le peu d'intelligence de la race
noire. Cependant il s'est formé dans ces contrées une association
aussi étrange que terrible, parce qu'elle est mystérieuse et frappe
les esprits simples et superstitieux des populations.

Autant qu'on peut le conjecturer, cette association eut pour
but, en principe, de protéger des chefs pas assez puissants pour
se protéger eux-mêmes. Devenue redoutable par les meurtres
qu'elle commit avec une étrange audace, elle s'organisa, se
donna des lois, dont la première est un secret inviolable sur
tout ce qui touche à l'association ; le nombre des membres
s'augmenta rapidement, car une solidarité les reliait tous, et
toute injure, tout dommage apporté à un membre était sur-le-
champ puni par la société du pourrah. Elle eut plusieurs centres
qui se rattachaient tous à un centre unique nommé le grand
pourrah. Profitant de la terreur qu'ils avaient répandue, ils dic-
tèrent des lois aux rois de la contrée, défendirent ou ordonnè-
rent des guerres, en un mot, ils régnèrent sur le pays. On a
comparé cette association à la Sainte-Wehme de Westphalie, avec
laquelle elle a effectivement beaucoup de rapports.

Comme toutes les associations d'hommes, le pourrah put avoir
un principe, un but légitime : s'opposer à la tyrannie des forts
sur les faibles ; mais il dégénéra en tyrannie à son tour, devint
le protecteur des marchands d'esclaves qui, de l'intérieur, amenaient leur bétail humain sur la côte pour le vendre aux négriers. Ce commerce est de toute antiquité, établi et reconnu
légitime ; mais la traite des blancs lui a donné un caractère
impie et qui a soulevé l'indignation de tous les peuples civilisés.
En effet, avant l'établissement de la traite, les nègres faisaient
des prisonniers de guerre et des malfaiteurs, des esclaves dans

toute la force du mot, mais les puissants ne parcouraient point en armes les contrées pour enlever les hommes libres et innocents et en faire un abominable trafic; l'esclave restait chez son maître, cultivait sa terre, le servait plutôt comme un serviteur que comme un esclave.

On peut comprendre, d'après ces détails, que l'humanité du jeune chef noir n'était pas sans dangers pour lui et pour la colonie naissante. Couba le comprenait; mais, élevé par les pères Anselme et Lauriol, il était pénétré du véritable esprit du christianisme, et ne reculait pas devant l'accomplissement de ses préceptes.

Sans connaître cet axiome latin : *Qui vult pacem parat bellum,* « Qui veut la paix se met sur le pied de guerre, » il le mit en pratique. Ses anciens compagnons du fort Tomburg se trouvaient tous disciplinés et s'étaient instruits à la rude et décevante guerre de l'Amérique. Il donna à chacun d'eux un certain nombre d'hommes à discipliner et à façonner au maniement des armes ; portant ensuite son attention sur ses moyens de défense, il rendit le fort presque imprenable pour des populations aussi ignorantes dans la stratégie militaire que le sont les nègres. Les récoltes de la plaine touchaient à leur maturité : il en fit hâter la coupe et le transport dans la bourgade. Une inspection des armes eut lieu, des munitions furent préparées, enfin une vigilance extrême s'exerça autour de la bourgade.

Ces précautions furent bientôt reconnues utiles : plusieurs des facteurs établis dans les bourgades de l'intérieur arrivèrent dans un état déplorable. Leurs magasins venaient d'être pillés et incendiés, et c'est avec peine qu'ils s'étaient soustraits au massacre ; grand nombre d'autres, moins heureux, avaient péri. La guerre était donc commencée. Sur ces entrefaites, le navire expédié annuellement des Etats-Unis arriva richement chargé : ce renfort donna à Couba l'idée, non d'attendre la guerre, mais de la porter sur les territoires ennemis.

L'équipage du navire s'élevait à cent cinq hommes : il fit part de son projet au capitaine et lui demanda de se charger de la garde du fort en son absence, car il voulait commander lui-même l'expédition projetée. Le capitaine y consentit ; il ne pouvait reprendre la mer qu'à l'époque où les vents ne s'opposaient point à la sortie du golfe de Guinée ; il offrit en outre vingt-cinq hommes de son équipage pour accompagner Couba.

Tout fut donc préparé en quelques jours, et la petite armée, forte de quatre cent vingt-cinq hommes, sortit du fort un jeudi matin et se mit allégrement en route vers la première bourgade, distante de deux jours de marche. Les fanfares de Tom retentirent bruyantes et joyeuses le long des rives du fleuve, et l'expédition défila en bon ordre sous les yeux des habitants du fort penchés sur les remparts et le long des rochers voisins.

Un phénomène assez commun dans ces contrées brûlantes vint jeter un instant l'alarme dans ces esprits superstitieux. Le disque du soleil disparut soudain et une demi-obscurité descendit sur les eaux et sur les forêts voisines. C'étaient des nuées innombrables de sauterelles qui tombaient comme la grêle sur la troupe des noirs. La quantité en était si considérable que la terre en fut couverte en un instant, ainsi que les vêtements des gens de l'expédition. Ils firent halte dans la forêt, dont les rameaux pliaient et craquaient sous le nombre de ces insectes. Ces sauterelles, longues d'environ un pouce, sont du goût des noirs, qui les mangent grillées. La provision ne manquait pas ; des feux furent allumés et le festin commença. Ils ne furent, durant plus d'une heure, occupés qu'à retirer du feu les sauterelles qui pleuvaient sur les charbons ardents, et Dieu sait combien ces estomacs robustes en absorbèrent. Enfin, le nuage passé, le festin terminé, on se remit gaiement en marche, et le soir on arriva à l'entrée de la forêt où se retiraient les animaux carnassiers depuis que les chasseurs du fort leur faisaient une guerre journalière. Le camp fut établi, les sentinelles posées aux alentours, et l'on se prépara à goûter le repos de la nuit après une longue marche sous un ciel ardent et à travers des sentiers fréquentés par les seuls animaux sauvages. Mais il fut impossible de se livrer au sommeil : le voisinage de tant d'hommes, les émanations condensées par la fraîcheur de la nuit et répandues dans la forêt, en avaient attiré tous les terribles hôtes cherchant leur proie. Le nombre des feux fut augmenté, et à leur clarté brillèrent les yeux étincelants des hyènes, des chacals, des panthères et des léopards.

Job, assis à côté de Tom et de son fils, le petit, poussait des branches dans le feu avec la pointe de son grand sabre.

— Oh ! Tom, ce ne sont pas les animaux de l'Amérique qui feraient une pareille musique... eh ! Tom !

Et le brave Job, ouvrant démesurément la bouche, montrait

deux rangées de dents intactes et plus blanches que l'ivoire. Il riait de pouvoir dire que son pays natal produisait des bêtes féroces plus terribles que celles de l'Amérique.

Presque au même instant un cercle noir se dessina entre deux brasiers, et un magnifique tigre s'abattit devant Job.

Tom saisit un brandon, le lança à l'animal qui fit un bond en arrière ; Job avait eu le temps de revenir de sa surprise : armé d'un véritable tronc d'un jeune arbre tout en feu, il courut à l'animal. Les bêtes les plus féroces reculent devant le feu ; le tigre reculait, les yeux ardents, la langue pendante : Job avançait toujours et poussait le tigre dans le centre du camp. Là, vingt balles l'atteignirent ; il roula, râlant affreusement.

— Quel dommage ! s'écria Job, endommager une si belle peau !

Les instincts du marchand de pelleteries le dominaient encore.

Ce fut le seul incident de la journée, et quand le cor de Tom sonna la diane, les forêts s'étaient déjà endormies dans le silence de la nuit, et les oiseaux avaient cessé de faire entendre leurs chants discordants, auxquels se mêlent les singulières clameurs des singes de toute espèce.

Au sortir de la forêt on découvrit de larges et profondes empreintes : elles furent reconnues pour celles des éléphants. Couba, qui ne venait pas leur donner la chasse, fit éclairer le pays : une troupe assez nombreuse d'éléphants se dirigeait vers l'orient, à l'opposé de leur route ; ils avancèrent donc rapidement, évitant de toucher aux hautes fourmilières qu'ils rencontraient fréquemment. Une étendue de terrain sec, rocailleux, de couleur rouge et sans végétation, se présenta devant eux vers le milieu du jour. Ils firent halte près d'un immense baobab, sous les rameaux duquel la troupe trouva la fraîcheur et un lieu favorable au repos. Les noirs examinèrent attentivement son énorme tronc, car il arrive fréquemment, dit-on, que ces arbres, qui conservent la verdeur de leur feuillage jusqu'à l'extrême décrépitude du tronc, s'affaissent et ensevelissent sous leurs rameaux les voyageurs qui y ont cherché un abri.

A la fin du troisième jour de marche, du haut d'une montagne ils découvrirent une longue nappe d'eau, et sur la rive gauche, un amas confus de cases. C'était le premier village du petit roitelet de Buhué : c'était de là que les facteurs avaient pu s'échapper après le pillage de leur comptoir.

Couba, appréciant la distance, prit ses mesures pour arriver à ce village quelques heures avant la fin du jour. Sa petite armée était divisée en quatre compagnies et un peloton des blancs. Tom commandait les tuniques rouges bordées de noir ; Job, les tuniques bleues bordées de blanc ; les deux autres compagnies, uniformément vêtues de tuniques vertes bordées de rouge, furent réservées pour le centre avec le peloton de blancs : Couba en prit le commandement. Chaque homme avait un fusil avec sa baïonnette, et un large coutelas. Les gibernes, attachées sur le devant, étaient toutes recouvertes d'une plaque de cuivre bien luisante. Une autre plaque se trouvait fixée sur la poitrine, et des épaulettes en coton teint de la même couleur que la blouse protégeaient les épaules. Quant au couvre-chef, il annonçait le goût excessif des noirs pour le clinquant : uniformément rond, avec une visière en cuivre, il était surchargé de plumes de toutes les couleurs.

Tom, qui s'était mêlé de l'éducation des jeunes négrillons, s'était bien gardé d'oublier la musique dans son enseignement; aussi, chaque compagnie avait trois clairons qui tous sonnaient plus ou moins mal la fanfare unique de leur maître de musique. Des négrillons de quinze à seize ans remplissaient les fonctions de clairons et en étaient tout fiers.

Les deux compagnies commandées par Tom et Job se portèrent sur la gauche pour prendre le village en flanc, et au besoin, sur les derrières. Les deux autres filèrent à peu de distance du fleuve. Toutes ces mesures étaient prises en vue de jeter la terreur dans le village, car Couba voulait éviter l'effusion du sang. Devant le village s'étendait une plaine où s'élevaient quelques bouquets d'arbres ; au-delà du village Couba apprit que la nappe d'eau se recourbait. Il formait ainsi presque une péninsule.

Dès que la troupe fut aperçue des gens du village, il s'y fit un remuement général accompagné de cris perçants. Presque au même instant, les deux autres compagnies, sous la conduite de Tom et de Job, se montrèrent sur la gauche : alors les cris devinrent des clameurs ; on eût dit d'une fourmilière qui déloge aux approches de l'orage. Tout-à-coup le cor de chasse du capitaine-musicien Tom jeta à travers les airs les éclats de sa fanfare, les six clairons les répétèrent à l'envi, et ceux du corps principal soufflèrent avec rage dans leurs instruments. Si la bourgade eût été entourée de murailles comme la ville de Jéricho, il est à croire qu'elles auraient tombé quand , aux sons du cuivre, si stridents, se mêlèrent les clameurs formidables poussées par quatre cents robustes poitrines. Les habitants prirent la fuite de tous côtés , abandonnant le village aux arrivants, qu'ils n'attendaient certes pas.

Couba apprit de quelques pauvres vieux nègres, que l'âge retenait dans leurs cases, que l'élite de la population , répondant à l'appel du grand pourrah, s'était rendue, depuis la veille, au rendez-vous général. Sans perdre de temps, et après s'être procuré un guide, il sortit du village, où l'on avait trouvé les marchandises de ses facteurs, et se dirigea vers le lieu de la réunion du grand pourrah. Il voulait y arriver avant que la nouvelle de son agression fût connue.

Après une marche rapide de deux jours, ses éclaireurs vinrent lui annoncer qu'à deux milles environ , dans une vaste plaine, une multitude de noirs se trouvait réunie. Ils n'avaient pas été découverts. La petite armée avança avec précaution et arriva en vue de la plaine à l'instant où le soleil disparaissait à l'horizon. Elle fit halte : les rumeurs de cette multitude arrivaient jusqu'à eux ; puis des feux innombrables brillèrent de tous côtés. Ils indiquèrent à Couba les points de réunion. Sa troupe se livra au repos sous la garde des sentinelles, et le jeune chef dressa son plan d'attaque.

Une grande case, entourée de plus petites, se trouvait éclairée par les feux : le jeune chef jugea que les chefs principaux du pourrah devaient être réunis sur ce point; c'est là qu'il voulut porter le coup principal.

A peu près vers la fin de la nuit, il éveilla sa troupe, donna ses ordres, et l'on marcha sur le camp endormi.

Ce ne sont pas les nègres qui s'aviseront, quand ils se croient loin de l'ennemi , de protéger leur sommeil en plaçant des sentinelles ; la troupe pénétra silencieusement jusqu'au centre du camp, entoura les cases de quatre côtés et attendit le signal. Déjà quelques rumeurs s'élevaient çà et là dans le camp, lorsque le cor de Tom retentit. Les douze clairons ne firent pas attendre leur vacarme, et une clameur formidable ébranla les airs. Ce qui se passa est indescriptible; de tous côtés les nègres se levaient de la terre où ils étaient étendus, prêtaient une oreille

épouvantée à ces immenses clameurs, puis, voyant leurs camarades courir de tous côtés, ils se mettaient aussi à courir. Cependant, cor et clairons retentissaient, et un second cri général
des soldats de Couba mugit à travers cette multitude surprise et
épouvantée. La fuite, mais la fuite désordonnée, se répandit
partout ; c'était à qui fuirait le plus vite hors du camp. Les nègres qui se tenaient dans les cases ne se montrèrent pas moins
effrayés ; mais à mesure qu'ils sortaient ils se trouvaient saisis
et garrottés. Cette débâcle ne dura pas plus d'une heure, et lorsque le jour parut, cent trente nègres, tous membres du grand
pourrah, se trouvaient prisonniers. Le roitelet de Buhué put seul
s'échapper avec un serviteur.

Ce succès, sur lequel le jeune chef avait à peine osé compter,
le combla de joie : il tenait en son pouvoir toutes les puissances
des contrées environnantes et les chefs principaux du pourrah.
Lorsque ces hommes se virent environnés des soldats de Couba,
formant autour d'eux un cercle de fusils et de baïonnettes, ils
crurent qu'ils touchaient à leur dernière heure, surtout en aper-
cevant la petite troupe des blancs placée un peu en avant des
cercles de fer. Plus d'un, se rappelant la manière dont ils se
procuraient des esclaves, songèrent avec effroi que ce sort leur
était réservé, et que les blancs étaient des négriers. Les lamentations commencèrent ; ils se tordaient dans leurs liens, se roulaient à terre et se livraient à un désespoir inconcevable.

Quand ils commencèrent à se calmer, Couba s'avança vers
eux et leur demanda quels étaient les cabecirs (cabocières) et les
membres du pourrah. Ils répondirent par des lamentations,
pensant qu'il voulait les connaître afin de commencer par eux
la livraison des esclaves aux blancs.

Couba devina leurs craintes, les rassura et leur dit qu'il voulait entrer en pourparler avec eux : deux alors osèrent se lever.
On les délia et on les conduisit à quelque distance. Les autres,
voyant qu'on les débarrassait des cordes qui les tenaient garrottés, se levèrent l'un après l'autre et furent déliés et conduits
avec les premiers, qui ne savaient pas à quoi ils étaient réservés
et tremblaient de frayeur.

— Chefs des bourgades, et vous, membres du grand pourrah,
leur dit Couba, vous vous étiez réunis pour nous apporter la
guerre, après avoir tué nos marchands et pillé leurs comptoirs ;
nous vous avons prévenus et nous vous apportons la paix aux

conditions suivantes : Six de mes frères ont été assassinés dans vos bourgades, vous ne pouvez nous les rendre, mais vous nous livrerez vingt-quatre esclaves. Un homme libre vaut mieux que quatre esclaves, mais nous nous en contenterons. Les marchandises pillées seront recherchées et rendues ; nos marchands seront protégés, et tout tort ou dommage qui leur sera causé trouvera chez vous des juges sévères pour punir les coupables et exiger la réparation des dommages ; vous n'emploierez ni ruse ni violence pour réduire en esclavage des hommes libres. Regardez mon visage, il a la même couleur que le vôtre, parce que nous sommes tous les enfants du maître du ciel et de la terre : nous sommes frères, et le frère ne doit pas opprimer son frère.

Les prisonniers se regardèrent avec étonnement.

Couba continua :

— Les blancs viennent sur la côte acheter des noirs pour en faire des esclaves, et vous ne comprenez pas qu'en vendant vos frères vous offensez le Dieu tout-puissant qui règne dans les cieux. Il vous faut des marchandises, et les blancs vous les apportent : ne vaudrait-il pas mieux, pour l'honneur et la dignité des noirs, apprendre à les fabriquer ? celles que nous vous vendons sont-elles moins belles, moins éclatantes que celles des blancs ? Envoyez les plus intelligents de vos enfants à notre bourgade, et nous les instruirons dans les métiers qui vous sont le plus nécessaires. Si vous acceptez ces conditions, dites-le. Je vous les propose quand je pourrais vous les imposer.

Et, étendant la main vers sa troupe, il ajouta :

— Avec de pareilles forces, ne pourrais-je pas conquérir vos peuplades ?

Les prisonniers portèrent leurs regards sur la petite armée, immobile dans les rangs, le fusil au bras. Cette file d'uniformes, l'éclat des gibernes, l'ondoiement des panaches et les éclairs que le brillant des fusils, frappés des rayons encore obliques du soleil, envoyait à leurs yeux étonnés, les persuada de la vérité des paroles de Couba. Ils déclarèrent qu'ils acceptaient les conditions, promettant de faire rendre les objets volés et de livrer les esclaves. Deux giriots (médecins) partirent aussitôt pour porter des ordres à la multitude dispersée.

Aussi prudent que généreux, Couba garda les chefs en otage

jusqu'à l'accomplissement des premières conditions, et établit son camp autour des cases où rentrèrent les chefs.

Trois jours après, presque toutes les marchandises volées étaient rendues à Couba, les esclaves amenés, et une alliance, même avec les membres du pourrah, réglée et jurée sur les fétiches les plus en renom. Le jeune chef avait donc obtenu, sans effusion de sang, une réparation des dommages causés à son commerce et une assurance que ses facteurs ne seraient plus ni molestés, ni pillés, ni assassinés. Le déploiement des forces qu'il venait de faire passer sous les yeux des chefs du pays, la promptitude de son action et ce je ne sais quoi qu'inspire toujours aux autres hommes celui qui leur inspire de la crainte, étaient pour Couba une garantie assez sûre que les nègres ne violeraient point leurs engagements.

Son retour au fort fut un sujet de surprise et de triomphe : les noirs avaient tous tremblé en songeant qu'il allait se mettre en lutte avec le terrible pourrah. Ils se disaient entre eux que l'esprit du père Lauriol était passé dans le corps de Couba. Leur respect devint presque de l'adoration. Couba en profita pour donner à sa colonie un élan nouveau. Il organisa l'enseignement des enfants d'après les projets dont le regrettable père Lauriol lui avait fait part ; il fit une classe de travailleurs pour ses ateliers, auxquels il donna plus d'extension ; une autre classe fut chargée des travaux de la campagne ; enfin, et cela pour les habituer au maniement des armes, chaque homme alla plusieurs fois la semaine à la chasse, qui se continuait toujours, pour éloigner des forêts voisines les bêtes féroces attirées par les émanations des troupeaux de la colonie. Les Américains commençaient à ressentir les atteintes meurtrières du climat : il fit hâter le chargement du navire afin qu'il s'éloignât au plus tôt de ces contrées fatales.

La population, singulièrement accrue, se livrait avec assiduité aux travaux désignés par un chef vénéré. Ce petit coin de terre pouvait devenir pour cette partie de l'Afrique un foyer de civilisation et aider ainsi la race noire à sortir de l'ignorance et de la barbarie ; malheureusement l'heure n'était pas arrivée, et ce point civilisateur n'existait, pour ainsi dire, que dans un seul homme : lui disparu, le passé l'emportait et le commencement de civilisation s'éteignait.

Le navire envoyé par Fritz venait de mettre à la voile

s'efforçait de gagner la haute mer afin d'entrer dans le lit des vents alisés, que contrarient les vents du nord-ouest. Il s'était avancé vers le sud et déjà disparaissait à l'horizon, quand le jeune chef découvrit vers le nord-nord-est un navire qui arrivait toutes voiles dehors et secondé par le vent. Il longeait pour ainsi dire la côte. Plus à l'ouest une autre voile apparaissait et s'avançait aussi vers le fond de la baie. Peu après une voilure moins large et plus basse sortit comme un point noir de l'horizon, à peu de distance du second navire. Cependant le premier découvert avançait rapidement : bientôt Couba crut reconnaître la forme et les larges flancs des vaisseaux négriers. Il soupçonna qu'il cherchait un refuge dans quelque anse de la côte, et que les deux autres navires à l'horizon lui donnaient la chasse.

Le soleil baissait; la haute mer allait commencer et favoriser l'entrée dans le fleuve du navire qu'il soupçonnait négrier.

Assis sur le sommet du rocher, il le voyait grossir à vue d'œil, se diriger vers l'embouchure du fleuve, dont il paraissait avoir connaissance, car il longeait à distance les bancs de sable formés à l'approche de cette embouchure. Laissant son père en surveillance, il descendit au fort, fit rassembler les hommes et les mit sous les armes. Les signaux de Tom lui apprirent que le navire entrait dans la passe et remontait le chenal à l'aide de la marée. Il fit éteindre tous les feux, commanda le silence et remonta sur le rocher.

Le négrier montrait déjà sa large voilure au-dessus des bas rochers et entrait dans le contour qu'ils faisaient faire au fleuve. Il vint s'ancrer auprès du vieux navire démâté que les vagues ballottaient dans le coude décrit par le fleuve. La nuit tomba tout-à-coup, et il ne distingua plus qu'une masse noire sur la demi-transparence des eaux. De cette masse commencèrent à s'élever d'étranges bruits : on eût dit des cris étouffés, des blasphèmes sourds et des froissements de fer sur le fer. Peu après ; il y eut un grand clapotement des eaux et deux longues barques s'éloignèrent du navire et gagnèrent la rive. Un bruit confus, bizarre, tantôt éclatant, puis tout-à-coup éteint, s'élevait de ces barques. Quand elles atteignirent la rive, le bruit du fer devint plus éclatant. Il fut évident pour Couba qu'on mettait à terre des hommes enchaînés.

Il sortit du fort avec une troupe nombreuse, la posta en silence derrière un pli de terrain et se glissa en rampant vers la rive.

Une masse d'hommes s'y trouvait entassée : à chaque instant il entendait le froissement des fers dont ils étaient chargés, les respirations profondes de ces malheureux tirés des ténèbres épaisses et brûlantes des flancs du navire, et respirant à pleins poumons l'air libre et rafraîchissant du soir. Autour d'eux des hommes armés se promenaient, distribuant des coups de fouet dont les claquements retentissaient comme des coups rapides de sifflet.

Les négriers débarquaient leurs esclaves. Couba comprit leur tactique : ils voulaient les soustraire à la visite que les deux autres navires feraient de leur vaisseau s'ils le découvraient dans sa retraite.

Cependant les voyages des barques continuaient de la rive au navire, et la masse d'hommes augmentait. Incertain de ce qu'il avait à faire, il écoutait et réfléchissait. S'il tombait à l'improviste sur les négriers, il y aurait un engagement dans lequel périraient beaucoup de pauvres noirs, car les balles vont au hasard dans l'obscurité. Il résolut d'attendre le jour, et retourna auprès des siens.

Laissant un fort détachement en observation, il revint au fort et commanda à tout son monde de s'armer. Vers le milieu de la nuit, il fut averti que l'on dirigeait les esclaves vers les forêts, et que le nombre des hommes de l'escorte paraissait minime ; il mit son père et Job à la tête de cent hommes, en leur enjoignant de suivre à distance les esclaves, et d'attaquer les gardiens au point du jour, lorsqu'on saurait où diriger les coups. Il alla se poster, à peu de distance de la rive, avec trois cents hommes.

Le jour brilla tout-à-coup. Dans ces latitudes il n'y a pas de crépuscule. Les négriers se trouvaient rembarqués, leurs barques rentrées, et on eût dit qu'ils faisaient de l'eau et réparaient leur navire. L'homme en vigie sur le rocher signala l'approche des deux autres vaisseaux. Mais ils ne pouvaient entrer dans le fleuve à cause de la basse mer.

Ces deux vaisseaux couraient des bordées et sondaient la passe. Enfin ils mirent à la mer leurs barques et les chargèrent d'hommes armés. Il leur fut impossible de remonter le courant ; toute l'eau du fleuve s'écoulait par une passe d'environ trente pieds de largeur et bordée de bancs de sable presqu'à sec.

Tandis que Couba, qui s'était rendu sur les rochers, faisait ces observations, une fusillade assez vive se fit entendre du côté des forêts : elle fut courte. Il jugea que l'escorte des esclaves était ou détruite ou prisonnière. Il y eut un grand mouvement sur le navire négrier. Descendant en hâte, il rejoignit ses gens et se tint prêt à recevoir les négriers s'ils descendaient à terre. À peine une demi-heure s'était écoulée, quand de grands cris retentirent du côté des forêts, d'où des bandes de noirs accouraient vers le fort.

C'étaient les esclaves délivrés, traînant encore leurs fers, et suivis de la troupe de Tom et de Job, qui amenaient une dizaine de négriers au milieu de leurs gens.

Alors Couba se démasqua, fit filer ses hommes sur une éminence à portée de canon du fleuve. Les gens du navire grimpèrent sur les mâts, puis en redescendirent et se réunirent sur le pont. Couba leur envoya un des prisonniers pour les sommer de se rendre. La sommation était transmise à l'instant où la flamme du petit vaisseau de guerre s'élevait au-dessus des rochers. Quatre barques chargées de soldats parurent aussitôt à l'entrée du coude du fleuve. Les négriers, pris entre deux feux, parurent un instant indécis, puis, lançant leurs barques à l'eau, ils s'y jetèrent avec précipitation et firent force de rames pour gagner la rive où les attendait Couba. Mais dès qu'ils aperçurent la ligne des soldats noirs, ils poussèrent en amont du fleuve.

Cette manœuvre fit comprendre à Couba qu'ils voulaient l'éviter : il fit longer la rive par une compagnie, afin de s'opposer à leur débarquement.

Cependant le vaisseau, précédé à une encâblure, de ses deux embarcations, se dirigeait sur le négrier abandonné : les deux embarcations longeaient déjà sa coque sombre, et se préparaient à monter dans l'intérieur, quand un homme apparut tout-à-coup auprès du grand mât, et, sautant lestement vers les bastingages, gagna l'arrière qui touchait le vieux navire négrier démâté. D'un bond prodigieux il sauta de l'un sur l'autre, courut à l'extrémité, se jeta à l'eau et atteignit les rochers, qu'il se mit à gravir de toutes ses forces. Les marins des embarcations se trouvaient, en partie, à bord du négrier quand une épouvantable explosion retentit comme la décharge de cent pièces de canon. Au-dessus d'une fumée épaisse on vit dans l'air des pièces de bois, des cordages, des voiles et des formes humaines entières ou en lambeaux lancés à une grande hauteur, et aussitôt le bruit de leur chute dans l'eau s'entendit. La commotion fut si puissante, que la corvette fut jetée en travers, les embarcations broyées et le navire ponton lancé et brisé contre les rochers. Quand le nuage d'épaisse fumée se fut dissipé, on vit des débris couvrir les eaux du fleuve, des hommes qui soulevaient la tête au-dessus des eaux. Le navire négrier, partagé en deux, ne montrait plus que quelques points saillants.

Frappés de stupeur, Couba et ses compagnons portèrent sur le fleuve des regards effarés et restèrent quelque temps dans une morne consternation. Les négriers en profitèrent, se jetèrent à terre et allèrent occuper un point élevé sur la rive dans le voisinage des forêts.

Les Anglais (les navires croiseurs appartenaient à cette nation) étaient trop occupés à recueillir leurs blessés et les hommes qui se soutenaient sur l'eau, pour remarquer les mouvements des négriers : la frégate arriva favorisée par la marée montante et vint à l'aide de la corvette, qui se trouvait fortement endommagée. Plus de deux heures s'écoulèrent avant qu'ils pussent songer à autre chose qu'à réparer les avaries causées par l'explosion.

Couba revenu à lui-même, laissant une compagnie pour observer les croiseurs, marcha rapidement vers les négriers. Tom et Job s'étaient déjà postés entre eux et la forêt, pour leur couper la fuite. Ces brigands, au nombre d'environ soixante, se formèrent en carré et firent bonne contenance. Le jeune noir étendit la ligne de ses soldats et acheva de les envelopper. Des deux côtés régnait un silence lugubre.

Couba leur envoya un parlementaire pour les engager à déposer les armes, leur promettant la vie sauve. Ils ne bougèrent pas, ne répondirent pas. Alors les lignes des soldats noirs se resserrèrent. Il n'y avait pour les négriers d'autre moyen de fuir qu'en se jetant dans leurs embarcations, mais déjà celles de la frégate remontaient le fleuve. Toute fuite leur était donc impossible.

Jugeant que leur position désespérée les amènerait à se rendre, le généreux Couba fit plusieurs pas vers eux, afin d'en être entendu. Alors il leur répéta sa sommation. Au même instant plusieurs coups de feu partirent du côté des négriers, et le noble

Couba, cette âme humaine et généreuse, chancela, puis s'affaissa sur lui-même.

Un cri immense sortit des rangs des noirs, et tous, sans ordre, emportés par une fureur irrésistible, se lancèrent sur les négriers.

Ce fut une affreuse boucherie, un massacre impitoyable : il ne resta pas un seul négrier vivant, et la rage des noirs s'exerçait encore sur leurs cadavres.

Tom et Job, que cette attaque imprévue avait surpris, et qui en ignoraient la cause, s'approchèrent de la foule confuse et frémissante qui entourait Couba; à la vue de ce bon et généreux chef étendu sanglant sur la terre, ils poussèrent d'abord des cris lamentables, puis tombèrent dans un anéantissement voisin de la mort. Tom tenait le corps sanglant de son fils entre ses bras; ses yeux étaient secs et ses membres tremblaient comme dans l'agonie.

Tandis qu'on emportait le blessé dans le fort, où tous les noirs en larmes le suivaient, la frégate anglaise avait débarqué deux compagnies de soldats de marine, qui prenaient position en vue de la bourgade, ne sachant s'ils avaient en face des amis ou des ennemis. Le malheur qui venait de frapper la population leur fut bientôt connu : ils envoyèrent leur chirurgien, qui examina la blessure du jeune chef noir. Elle était mortelle : il lui restait peu de temps à rester sur la terre.

Ce fut sans effroi que Couba l'apprit : toujours prévoyant, il fit assembler les principaux noirs, et, profitant d'un reste de forces, il leur donna ses instructions, leur recommanda l'union et le travail, leur dit qu'il leur laissait son père et Job pour les diriger jusqu'au jour où il s'élèverait parmi eux un esprit supérieur qui deviendrait leur père et leur conducteur. Ses derniers moments appartenaient à sa famille et à ses amis intimes : tous se groupèrent autour de son lit dès que la foule se fut écoulée; alors, ranimé par la présence de tous ceux qu'il aimait, avec lesquels il avait passé sa vie, il se fit asseoir et leur parla ainsi :

— Mes moments sont comptés : si je ne vous laissais pas sur la terre, ce serait avec joie que je passerais dans une existence plus heureuse : mais, ô mon père, ô ma bonne mère, ne me pleurez point; ne me pleurez point, oncle Job, et vous tous, mes amis, mes frères; je ne fais que vous devancer dans une autre existence : je laisse à la terre ce corps que la terre a nourri, mais mon âme retourne à Dieu, là où est déjà l'homme saint et vénéré qui prit soin du pauvre noir, qui l'instruisit et qui lui apprit que la couleur de la peau n'est rien pour le père commun des hommes... Aimez-vous les uns les autres, secourez-vous dans le danger, soutenez-vous dans les traverses de la vie, et ayez toujours en vue cette vie future vers laquelle nous tendons sans cesse et où nous trouvons la récompense de nos bonnes actions.

Sa voix s'était graduellement affaiblie en prononçant ces dernières paroles; il retomba sur sa couche, et quand sa mère le souleva, ce n'était plus qu'un corps privé de vie.

Un grand cri partit de la demeure : il retentit dans toute la bourgade, et dans toutes les habitations on n'entendit que des lamentations. Tom se jeta sur le corps inanimé de son fils, que sa mère tenait entre ses bras. Ni l'un ni l'autre ne pleurait. C'était une douleur immense, qui surpassait les forces humaines. Quand Job, qui poussait des cris déchirants, voulut les arracher aux étreintes qu'ils donnaient à ce corps inanimé, la mère de Couba avait rendu le dernier soupir, et Tom paraissait immobile et privé de tout sentiment.

Durant la nuit et le jour suivant, le fort retentit de cris lamentables, et quand il fallut rendre à la terre les dépouilles mortelles de celui qui avait été l'âme et le cœur de cette colonie arrachée à l'esclavage, il y eut des signes de douleur qui eussent attendri les plus farouches sauvages.

Couba, ainsi qu'il en avait témoigné le désir, fut enterré aux pieds du père Lauriol. La même tombe reçut le fils et la mère.

Tom ne leur survécut pas longtemps, et Job se trouvant isolé, quoiqu'au milieu d'une nombreuse famille, passait ses jours et ses nuits sur la tombe de ses amis. On le trouva un matin, la face sur la tombe, et les membres raidis par la mort.

Le commandant de la frégate, profitant de l'anéantissement général, avait arboré les couleurs anglaises au-dessus du fort, et annoncé qu'il le mettait sous la protection du gouvernement anglais. Couba n'existait plus : la colonie accepta ce protectorat sans le comprendre, et l'Angleterre eut un comptoir de plus sur la côte de Guinée.

Lorsque le navire envoyé chaque année par Fritz Douville arriva, les colons, ayant eu le temps d'apprendre à connaître leurs protecteurs, tentèrent, mais inutilement, avec les hommes de l'équipage américain, d'expulser la petite garnison anglaise : leurs efforts furent inutiles, le sang coula des deux côtés, et les colons retombèrent sous l'avide domination des Anglais.

FIN DES ESCLAVES AFFRANCHIS.

PRODUCTIONS DE L'OCÉANIE.

(EXTRAIT DE L'ALBUM DES MISSIONS.)

————

« La nature a tout fait pour ces îles, qui méritent bien l'épi
thète de régions *fortunées,* que les géographes appliquent
pays Océaniens. Les habitants recueillent sur le sol, presque
sans travail, tout ce qui est nécessaire à leur vie et à leurs divers
besoins.

» Chose bien remarquable ! l'arbre à pain produit presque
toute l'année : à côté des fruits mûrs se montrent déjà les fleurs
de nouveaux fruits, qu'il suffit souvent de quatre mois pour
mener à la maturité. Cet arbre a été fait tellement pour l'homme,
que là où il prospère il est foulé par ses pieds. Il me paraît avoir
de l'analogie avec notre platane, quoique ses feuilles lisses,
brillantes, et d'un beau vert de lézard, ressemblent plutôt à
celles du figuier par leurs découpures profondes. Son fruit, de
la grosseur et de la forme d'une forte boule à jouer, est supporté
par un pédoncule d'environ trois pouces de long; il a un goût
assez semblable à celui de la châtaigne. Les naturels appellent
l'arbre *toumei,* et le fruit *mei.*

» Quel arbre merveilleux que le cocotier ! De quelle élégance,
de quelles grâces l'a paré la nature ! Que de qualités elle lui a
prodiguées, et de combien de côtés elle l'a rendu utile à ces in-
sulaires ! Quand on est en mer, à peu de distance de la côte, on

le voit élever et balancer fièrement sa tête au milieu des massifs de verdure, comme le roi des arbres de ces contrées. Rien n'égale la grâce de ses longs épis de cocos naissants, ou la beauté de ses énormes grappes de cocos mûrs et dorés comme le grain de nos moissons. Les racines du cocotier, aussi résistantes que flexibles, sont employées à faire des nasses pour la pêche ; son tronc fournit du bois pour la charpente des cases. Ce bois est très dur vers la circonférence, quoiqu'il ne soit formé que de longs filets longitudinaux, du diamètre d'une grosse épingle, juxta-posés et unis entre eux par de la moelle. Les palmes, qui se détachent d'elles-mêmes du tronc à mesure qu'il en pousse de nouvelles, composent un excellent combustible. Liées ensemble bout à bout, dans une longueur de plus de cent mètres, mises à la mer, et entraînées par deux radeaux placés aux deux extrémités, elles servent à pousser le poisson dans les filets. La toile qui embrasse les palmes au point où elles adhèrent au tronc est employée à faire des sacs, des tamis, et autres objets analogues : elle est formée de grosses fibres croisées, et ressemble, sauf la solidité et le serré du tissu, à nos toiles artificielles. Lorsqu'on voit pour la première fois cette toile sur un cocotier, on est d'abord tout étonné de cet étrange appendice ; mais bientôt l'étonnement se change en admiration profonde, en reconnaissant, après un léger examen, quels ont été en cela l'intention et le but du Créateur. Les palmes, très longues et très lourdes, ne tenant au tronc que par environ deux pouces d'épaisseur, auraient été facilement arrachées par le vent, très violent quelquefois : cette toile les soutient par le pied ; elle est élastique, afin d'obéir aux mouvements de la branche, et de la ramener dans sa première position ; et elle est rembourrée intérieurement, pour que le point de contact soit plus doux. Autre merveille : le noyau du coco n'est pas divisé en deux coquilles, comme celui de nos fruits, la noix ou l'amande, par exemple ; mais il est tout d'une pièce et très dur. Comment donc le germe ainsi emprisonné pourra-t-il se produire au-dehors ? La Providence y a pourvu ; tous les cocos sont percés, à leur partie supérieure, d'un trou circulaire par où s'échappent à la fois la plumule et la radicule. Le fruit du cocotier réunit plusieurs genres d'utilité. La bourre épaisse, qui forme la première enveloppe du coco, sert à faire une très bonne tresse élastique : on l'emploie pour lier les charpentes bien plus solidement que nos clous qui seraient ici rapidement dévorés par la rouille ; on s'en sert encore en la croisant, comme des sangles, pour les bois de lit et les chaises, et je puis vous assurer que je me trouve mieux couché ou assis là-dessus que sur un matelas ou un fauteuil rembourré. Le noyau, vulgairement appelé *coco*, a mille emplois divers, depuis celui de seau pour tirer l'eau des puits, jusqu'à celui de bénitier dans les églises. Sous ce noyau se trouve une couche épaisse d'un demi-pouce environ d'une matière solide et blanche comme du lait : c'est l'amande du coco : elle est d'un goût agréable, et on peut en extraire du lait et surtout de l'huile. Tout le centre du fruit est occupé par une eau limpide comme de l'eau de source, et cependant d'un goût exquis. De toutes les boissons rafraîchissantes que j'ai goûtées en France, je n'en trouve pas de préférable à celle-là. Elle ressemble assez pour le goût à de la limonade gazeuse mélangée d'un peu de lait. Les gros cocos contiennent près d'un litre de cette eau. J'aime singulièrement cette boisson, et c'est toujours un nouveau ravissement pour moi lorsque, dans mes promenades, quelqu'un des habitants me présente un coco qu'il vient d'ouvrir, et que je vois cette belle eau transparente renfermée entre des parois d'albâtre. Vraiment, si les poètes grecs avaient connu l'eau de coco, ils n'auraient pas attribué aux dieux seuls la faculté de boire le nectar.

» Les bananes, fruit farineux et d'un goût très agréable, composent encore une précieuse ressource alimentaire : il y en a abondamment dans ces îles. Les ananas sont plus rares, parce qu'ils sont importés depuis peu de temps ; mais quelle saveur délicieuse, quel doux parfum ils répandent ! Il suffit de les toucher pour en avoir les mains embaumées ; lorsqu'on en apporte sur notre table, notre repas nous paraît préférable aux festins d'Europe. Ces îles récoltent aussi des tubercules et des racines à fécule, tels que la patate douce, le taro, le piat, etc. La mer fournit en abondance des coquillages et des poissons de toutes sortes, et la pêche est moins un travail qu'un amusement pour ces habitants libres de toute autre occupation.

» Ils peuvent satisfaire avec la même facilité à tous les autres besoins. Avec les longues feuilles du *pandanus*, ils construisent des cases aussi propres qu'élégantes. Ils doublent et cousent ces feuilles sur de longues baguettes ; puis ces baguettes ayant été ainsi garnies en nombre suffisant, ils les superposent horizontalement sur la charpente de la case, comme on fait chez nous pour les tuiles. Ces mêmes feuilles, déchirées en bandes légères, leur servent à faire des nattes pour leur couche, presque aussi souples et plus douces au toucher que nos draps de lit. Ils emploient aussi pour se couvrir la nuit, et même le jour, des tissus naturels appelés *tongas*, qu'il préparent avec l'écorce de l'arbre à pain, ou d'un arbuste nommé *pouri*. Du reste, le cotonnier croît ici partout sans culture comme nos buissons, et leur fournit abondamment un fort beau coton, que les femmes filent dans leurs longs loisirs, et que des jeunes gens tissent sur des métiers fabriqués dans l'île. Pour vases de toutes sortes, ils ont les cocos et les calebasses. Ils n'ont pas besoin de poteries pour le feu, à cause de leur système de cuisine. Pour vaisselle, ils se servent de grandes coquilles de nacre, ornées sans contredit d'un plus riche vernis que la porcelaine de Sèvres. La nacre, qu'ils taillent avec des pierres tranchantes, leur sert encore à faire des hameçons, des alènes recourbées, des couteaux pour les matières tendres, etc. Ils se coupent très bien les cheveux avec le tranchant d'un bambou fendu. Ils font des filets et des cordes plus solides que les nôtres avec l'écorce de l'*hibiscus*. Pour écrire, nous nous servons, dans notre école, des feuilles sèches du bananier en place de papier, et nous avons une encre supérieure à la vôtre et qui nous est fournie par un mollusque appelé *poulpe*, qu'on pêche sur les bancs de corail. Pour s'éclairer la nuit, ils emploient la noix du *rama*, qu'on enfile à une côte de feuille de cocotier, et qu'on fait brûler en plaçant cette brochette sur un plan horizontal. Du reste, ils vont au besoin pêcher, non loin du rivage, une espèce de gros poisson appelé *aaroua*, dont un seul peut leur fournir plus de vingt litres d'huile. Pour obtenir du feu, ils se passent très bien de nos moyens chimiques. Ils ont un bois blanc d'une extrême légèreté qui est éminemment propre à cette opération. Ils prennent deux morceaux bien secs de ce bois, l'un gros, l'autre plus petit. Ils placent le gros morceau à terre, en l'assujétissant, par devant, contre une pierre; ils taillent avec les dents le petit morceau en pointe, puis, le saisissant fortement avec les deux mains, ils le frottent par cette pointe contre l'autre morceau de bois, passent et repassent toujours au même endroit, de manière à y produire une rainure assez profonde. Les mouvements du morceau de bois qu'on promène sont d'abord doux, puis précipités, et enfin extrêmement rapides. La

fumée s'échappe d'abord de la rainure, une poussière noire s'y
accumule à l'un des bouts, puis cette poussière finit par s'em-
braser. On la verse alors sur de la bourre de coco sèche, qu'il
est facile d'enflammer en l'agitant vivement dans l'air. »

CUISINE DES OCÉANIENS.

« Ils font cuire tous les aliments par le procédé de la vapeur,
ce qui n'est pas si mal pour des sauvages ; et ce qui doit étonner
encore plus, c'est que, pour cette opération, ils ne se servent
absolument d'aucun ustensile de cuisine. Qu'on place l'un de
nos plus habiles cuisiniers en rase campagne, et qu'on lui dise :
« Tenez, voilà un quartier de mouton, vous allez nous le faire
cuire à la vapeur d'eau, puisque c'est le meilleur procédé pour
lui conserver son jus ; vous n'avez, il est vrai, à votre disposition
que l'eau de cette source et ces broussailles sèches, mais cela suffit pour produire de la vapeur : tirez-vous d'affaire. » Comment
s'y prendra le cuisinier ?
» Voici comment nos Océaniens résolvent le problème. D'a-
vance ils enveloppent de feuilles les aliments qu'ils veulent faire
cuire, tels que la pâte des fruits à pain, le poisson, la chair de
cochon, etc., en ayant soin de lier chacun des paquets ; puis ils
élèvent une petite voûte de pierres sur un trou creusé en terre,
ordinairement de forme allongée, et quelquefois circulaire. Ce
four construit, ils le chauffent fortement avec des palmes sèches,
ou un autre menu bois, jusqu'à ce que les pierres soient rouges ;
alors ils écrasent la voûte, et jettent rapidement les divers paquets d'aliments sur les pierres ardentes ; ils couvrent tout
autour ces paquets, entassés à plusieurs étages, d'une assez
forte couche de feuillage humide, en ayant soin de laisser iq

centre à découvert; ils recouvrent de terre cette couche de
feuilles, et, prenant alors des vases pleins d'eau, ils la versent
rapidement et par masse sur la partie centrale du four qui a été
laissée découverte. Une épaisse vapeur s'élève aussitôt; on entend
un grand bouillonnement intérieur : on dirait un petit volcan;
sans perdre de temps, car l'essentiel est de ne pas laisser échapper la vapeur, on recouvre aussi de feuilles et de terre l'ouverture par où on a introduit l'eau. La vapeur, se trouvant ainsi
enveloppée de toutes parts, cuit doucement les aliments qu'elle
pénètre, et il n'est plus nécessaire de s'en occuper autrement
que pour venir les retirer du four au bout de quelques
heures. »

TABLE.

CHAPITRE Ier.

CHAPITRE II.

CHAPITRE III.

CHAPITRE IV.

CHAPITRE V.

CHAPITRE VI.

CHAPITRE VII.

CHAPITRE VIII.

FIN DE LA TABLE.

Limoges. — Imp. Eugène ARDANT et Cie.

www.ingramcontent.com/pod-product-compliance
Ingram Content Group UK Ltd.
Pitfield, Milton Keynes, MK11 3LW, UK
UKHW020002100726
13658UKWH00002B/769